# Mitología egipcia

*Un apasionante repaso a los mitos, dioses y diosas egipcios*

© Copyright 2023

Todos los derechos reservados. Ninguna parte de este libro puede ser reproducida de ninguna forma sin el permiso escrito del autor. Los revisores pueden citar breves pasajes en las reseñas.

Descargo de responsabilidad: Ninguna parte de esta publicación puede ser reproducida o transmitida de ninguna forma o por ningún medio, mecánico o electrónico, incluyendo fotocopias o grabaciones, o por ningún sistema de almacenamiento y recuperación de información, o transmitida por correo electrónico sin permiso escrito del editor.

Si bien se ha hecho todo lo posible por verificar la información proporcionada en esta publicación, ni el autor ni el editor asumen responsabilidad alguna por los errores, omisiones o interpretaciones contrarias al tema aquí tratado.

Este libro es solo para fines de entretenimiento. Las opiniones expresadas son únicamente las del autor y no deben tomarse como instrucciones u órdenes de expertos. El lector es responsable de sus propias acciones.

La adhesión a todas las leyes y regulaciones aplicables, incluyendo las leyes internacionales, federales, estatales y locales que rigen la concesión de licencias profesionales, las prácticas comerciales, la publicidad y todos los demás aspectos de la realización de negocios en los EE. UU., Canadá, Reino Unido o cualquier otra jurisdicción es responsabilidad exclusiva del comprador o del lector.

Ni el autor ni el editor asumen responsabilidad alguna en nombre del comprador o lector de estos materiales. Cualquier desaire percibido de cualquier individuo u organización es puramente involuntario.

# Índice

INTRODUCCIÓN ..................................................................................................... 1
PRIMERA PARTE: COSMOLOGÍA ...................................................................... 4
    CAPÍTULO 1 - LOS MITOS DE LA CREACIÓN ........................................... 5
    CAPÍTULO 2 - LA FORMA DEL MUNDO Y MAAT ..................................... 14
    CAPÍTULO 3 - LA DUAT Y EL MÁS ALLÁ .................................................. 20
SEGUNDA PARTE: MITOS Y LEYENDAS......................................................... 26
    CAPÍTULO 4 - RA Y APOFIS ........................................................................ 27
    CAPÍTULO 5 - EL MITO DE OSIRIS ............................................................ 32
    CAPÍTULO 6 - EL TIEMPO Y EL FIN DE LOS TIEMPOS ......................... 39
    CAPÍTULO 7 - EL LOTO DE ORO ............................................................... 49
    CAPÍTULO 8 - LA PRINCESA GRIEGA ...................................................... 53
    CAPÍTULO 9 - EL LADRÓN DE TESOROS ................................................ 63
    CAPÍTULO 10 - EL CUENTO DE HATSHEPSUT ....................................... 69
    CAPÍTULO 11 - EL PRÍNCIPE CONDENADO............................................ 76
    CAPÍTULO 12 - LOS DOS HERMANOS ...................................................... 79
    CAPÍTULO 13 - ISIS Y LOS SIETE ESCORPIONES ................................... 83
    CAPÍTULO 14 - EL PRÍNCIPE Y LA ESFINGE............................................ 85
    CAPÍTULO 15- LAS AVENTURAS DE SINUHÉ ......................................... 89
TERCERA PARTE: DIOSES Y DIOSAS............................................................... 94
    CAPÍTULO 16 - AMÓN-RA ........................................................................... 95
    CAPÍTULO 17 - ISIS, OSIRIS Y HORUS .................................................... 100
    CAPÍTULO 18 - SETH Y NEFTIS ................................................................ 108
    CAPÍTULO 19 - ANUBIS Y THOT............................................................... 117
    CAPÍTULO 20 - HATHOR Y BASTET ........................................................ 125

CUARTA PARTE: LOS LIBROS SAGRADOS ...................................................... 133
    CAPÍTULO 21 - LOS TEXTOS DE LOS SARCÓFAGOS Y EL LIBRO
    DE LOS MUERTOS ............................................................................... 134
    CAPÍTULO 22 - LOS LIBROS DE LAS CAVERNAS, LAS PUERTAS
    Y LA VACA SAGRADA ........................................................................ 141
CONCLUSIÓN ........................................................................................... 150
VEA MÁS LIBROS ESCRITOS POR ENTHRALLING HISTORY ..................... 152
BIBLIOGRAFÍA ......................................................................................... 153

# Introducción

Desentrañar los misterios de nuestra existencia es uno de los mayores logros del hombre. Los conocimientos de que disponemos los hemos adquirido buscando, encontrando y explorando el mundo que existió miles de años antes que nosotros. La mitología egipcia nos trae vívidos detalles de un pasado muy lejano y, como está a punto de descubrir, ¡hay mucho que aprender!

El antiguo Egipto es sinónimo de enormes pirámides, culto al sol y una plétora de dioses y diosas. En cada página de este libro encontrará las apasionantes y diversas perspectivas de sus historias. Pero antes, ¿qué tal si nos familiarizamos con la jerga de la mitología egipcia?

- **ASPECTO**: Parece una palabra corriente, pero preste atención a cómo se utiliza en la mitología antigua, sobre todo cuando se refiere a los dioses. Un «aspecto» de un dios o diosa significa una versión de ellos. Si hay algo que hay que destacar de antemano sobre los dioses y diosas de la mitología egipcia es su capacidad para cambiar de forma o manifestarse en diversas formas. Estas formas pueden ser animales, objetos inanimados o un dios distinto. Un dios podía transformarse en cualquiera de estas formas o extraer un dios de sí mismo.

- **AMULETO**: Los amuletos son objetos hechos por el hombre que se cree que alejan el mal. Pueden ser ornamentos, amuletos, blasones, joyas, un pequeño trozo de papel con hechizos escritos en él u objetos de la naturaleza, como garras o conchas. Los amuletos suelen ser portátiles y fáciles de llevar.

- **ANJ**: En casi todas las imágenes de un dios o diosa egipcios, se los ve sosteniendo un gancho en forma de llave en una mano. Este gancho se llama *anj* y era un símbolo divino que representaba la inmortalidad de los dioses.
- **DINASTÍA**: Era el término colectivo utilizado para describir a los faraones de una misma línea familiar. El final de una dinastía se producía cuando un faraón de otra familia real ascendía al trono. El antiguo Egipto tuvo más de treinta dinastías, incluidas las de griegos y romanos.
- **IMPERIO MEDIO**: Aunque el imperio medio no se menciona mucho en este libro, fue una época del antiguo Egipto. Se situó entre el imperio antiguo y el imperio nuevo. Los a. C. y 1640 a. C. Algunos libros de historia no reconocen el imperio medio. En su lugar, lo fusionan con el imperio nuevo. Un acontecimiento utilizado para delimitar el imperio medio del imperio nuevo es la invasión hicsa de Egipto hacia 1638 a. C., ya que causó una gran inestabilidad política.
- **IMPERIO NUEVO**: El imperio nuevo también se considera la edad de oro del antiguo Egipto. Tras recuperar sus tierras de los invasores extranjeros, los faraones trabajaron duro para devolver a la nación su antigua gloria. De esta época proceden impresionantes estructuras, magníficas estatuas y otras obras maestras de la antigüedad. Una vez más, las fechas difieren, pero el consenso general es que el imperio nuevo suele datar de entre c. 1550 a. C. y 1077 a. C.
- **IMPERIO ANTIGUO**: Todo está en el nombre. El imperio antiguo del antiguo Egipto es la época anterior a las eras del imperio medio y del imperio nuevo, y se sitúa entre c. 2700 a. C. y 2200 a. C. En esta época, Egipto existía en dos regiones: Alto y Bajo Egipto. El imperio antiguo fue también la época de las pirámides. Los faraones de esta época mandaron construir altas pirámides para conmemorar su reinado y servir de tumbas reales. La famosa Esfinge de Guiza también se construyó en la época del imperio antiguo.
- **PAPIRO**: Se trata de un papel grueso egipcio utilizado ya en la época predinástica de Egipto. Debe su nombre a la planta con la que se fabricaba. Si uno vivía en aquella época, podía encontrar papiro en abundancia alrededor del río Nilo.

- **PRIMIGENIO/PRIMORDIAL**: Se utiliza para referirse a la cronología mítica de Egipto. Es la época más antigua y temprana de Egipto, que data desde la creación del mundo hasta el reinado de los dioses. No se utilizan años ni cifras para describir esta era.

- **ERA PTOLEMAICA**: Es la época posterior al imperio nuevo, cuando Egipto fue invadido y ocupado por los macedonios. Esta época debe su nombre a Ptolomeo I, un general macedonio que sirvió a Alejandro Magno. En el año 305 a. C., Ptolomeo había derrotado a todos los que reclamaban el trono y se convirtió en rey de Egipto. Unos 275 años después, Egipto fue anexionado al Imperio romano, marcando el final de esta era. En este libro, el Egipto de esta época se describe como el Egipto grecorromano.

Ahora que ya está preparado, ¡es hora de sumergirse! Comenzamos con los primeros tiempos de la mitología egipcia y el primer relato de su cronología: la creación del mundo.

# PRIMERA PARTE: COSMOLOGÍA

# Capítulo 1 - Los mitos de la creación

De todas las historias de la creación que existen, las del antiguo Egipto son algunas de las más intrigantes. Las historias sobre la procedencia de los elementos de la naturaleza y los seres vivos forman parte de casi todas las civilizaciones antiguas de la historia. La creación del mundo ha sido relatada por muchas culturas. Lo primero que llama la atención es que todas aluden al caos o a un vacío previo al establecimiento del orden natural.

Los mitos egipcios de la creación, en todo su dinamismo, no están exentos de ello.

A veces, la palabra «mito» se atribuye a la falsedad o la incertidumbre, pero los egipcios creían que todos los mitos de la creación eran profundamente ciertos. En algunos textos se habla de los mitos egipcios de la creación o de cualquier mito de la creación como «mitos cosmológicos». Se trata de un sinónimo. La cosmología estudia la totalidad del universo, desde su origen hasta su evolución y su destino final.

**Fuentes de los mitos egipcios de la creación**

**Las múltiples versiones de los relatos egipcios sobre la creación proceden de antiguas** compilaciones jeroglíficas del imperio antiguo, que abarcan desde el 2700 a. C. hasta el 2200 a. C. aproximadamente.

Los egipcios son mundialmente conocidos por sus elaborados funerales y tumbas. Los faraones de los imperios antiguo y medio eran enterrados en pirámides, en cuyas paredes se contaban historias de su época. Son los llamados «Textos de las Pirámides».

Texto piramidal en las paredes de la tumba del faraón Teti de la Sexta dinastía
*Leon petrosyan, CC BY-SA 4.0 https://creativecommons.org/licenses/by-sa/4.0 vía Wikimedia Commons https://commons.wikimedia.org/wiki/File:In_ther_pyramid_of_Teti_1.jpg*

Una pirámide era mucho más espaciosa que una tumba normal, y los egipcios creían que no había mejor manera de despedir a sus reyes para que tuvieran una vida después de la muerte bendecida. Las pirámides solían tener escaleras que conducían al rey difunto hasta el cielo (o el sol), guiadas por textos protectores y hechizos en las paredes. Eran los llamados textos funerarios. Miles de años después, las múltiples excavaciones de estas antiguas pirámides prácticamente regalaron al mundo la mayor parte de los profundos conocimientos que existen hoy sobre los mitos egipcios de la creación.

Los templos antiguos fueron otra fuente destacada. Los antiguos egipcios tallaban sus historias en las paredes y el techo de piedra de los templos. Tal vez previeron la destrucción de importantes documentos religiosos en la transición de Egipto del paganismo politeísta al cristianismo, que pronto se vería envuelta en un conflicto. Durante esta época, los cristianos destruyeron muchos textos documentados sobre dioses y diosas egipcios.

A pesar de la eventualidad de esta conversión, los mitos de la creación grabados en papel papiro sobrevivieron. Estos documentos, que incluyen textos religiosos escritos por sacerdotes, libros de hechizos recopilados por magos y diarios médicos escritos por médicos de la antigüedad, han demostrado ser valiosas fuentes de información sobre los mitos de la creación y otros datos sobre Egipto. En ellos se destacan los nombres de los dioses responsables de la protección y la curación, así como sus funciones en la creación del mundo.

Curiosamente, los autores griegos clásicos también contribuyeron a dar fama mundial a los mitos egipcios de la creación. Probablemente le suenen nombres como Heródoto, Plutarco o incluso Diodoro. Sin embargo, ninguno de estos hombres sabía hablar egipcio para salvar su vida, pero demostraron que una mente curiosa distinguía realmente lo que convertía a alguien en un ferviente buscador del conocimiento.

Su objetivo era educar al público griego con historias extranjeras y enriquecer la cultura helénica. Pero debido a la barrera lingüística, estos autores clásicos estaban a merced de los intérpretes. Dependían de los intérpretes para leer los pergaminos egipcios y las tallas de las paredes o para hablar con los custodios egipcios del conocimiento, los sacerdotes. Con el tiempo, los autores griegos registraron las historias egipcias basándose en lo que habían recogido de estos intérpretes. Cabe imaginar que estos relatos estaban impregnados de prejuicios personales y culturales. La esencia de algunos relatos se perdió o diluyó en el proceso de traducción, lo que dio lugar a una amplia gama de diferencias con respecto a las versiones egipcias locales. A los autores griegos clásicos no podían importarles menos estas distorsiones, sobre todo porque sus relatos prácticamente cambiaban el nombre de algunos de los dioses egipcios. Por ejemplo, el dios egipcio Amón se convirtió en Zeus-Amón (sin duda diferente de Zeus), el dios egipcio Horus se identificó con Apolo y Thot se combinó con el dios griego Hermes.

Parece como si los autores clásicos griegos no estuvieran tan interesados en popularizar los mitos egipcios de la creación como en ofrecer a sus compatriotas griegos una forma de entretenimiento. Salvo las incoherencias inherentes, los relatos escritos de los autores griegos clásicos sobre los mitos egipcios de la creación, que acabaron integrándose en la cultura griega antigua, han demostrado ser otra fuente histórica clave.

Por último, pero no por ello menos importante en la lista de fuentes, está el boca a boca. Esta fuente ha sido criticada por ser muy poco fiable, pero los egipcios siempre se han enorgullecido de contar historias antiguas. Los antiguos faraones eran famosos por ser excelentes narradores, una habilidad que compartían con sus hijos. Sus cuentos populares alababan las hazañas de Atum (o Ra) y hablaban de la sabiduría de Osiris y la belleza de Nut, el cielo sobre ellos. Sin duda, estos fervientes narradores tendrían muchas versiones de una misma historia, que dependían del lugar y de la perspectiva religiosa. Sin embargo, estas historias tenían algunos puntos en común. En lugar de detenernos en las incoherencias de estas versiones, lo mejor es pensar en una conciencia tan dinámica del universo y su origen como ejemplo de una cultura sofisticada.

No existe ninguna tumba, templo, libro o documento que ofrezca una imagen completa de los mitos egipcios sobre la creación, pero ¿qué es la mitología sin algo de misterio? Al fin y al cabo, los esfuerzos arqueológicos a lo largo de los años bastan para poner la pluma sobre papel.

## Relatos de los mitos egipcios de la creación

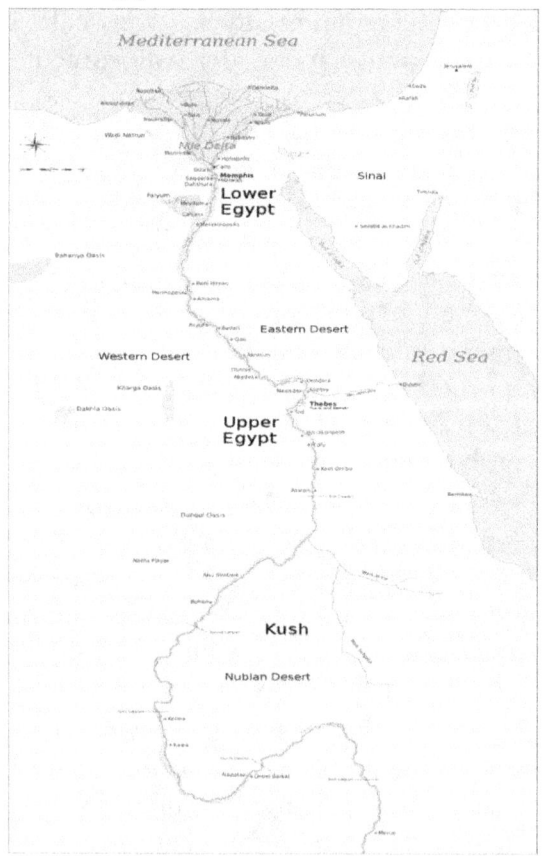

**Un mapa del antiguo Egipto**
*Jeff Dahl, CC BY-SA 4.0 https://creativecommons.org/licenses/by-sa/4.0 vía Wikimedia Commons; https://commons.wikimedia.org/wiki/File:Ancient_Egypt_map-en.svg*

Hay cuatro relatos de la creación destacados, que proceden de cuatro ciudades diferentes de Egipto. La primera, y posiblemente la más popular, procede de la antigua ciudad de Heliópolis. La historia comienza con nuestro amado universo como nada más que una extensión de agua caótica y sin dirección conocida como Nun.

## Heliópolis

Es difícil imaginar el aspecto de la nada, pero se han hecho algunos intentos decentes de representarla. Nun es el nombre dado a la forma del universo antes de la creación, y se parecía mucho a un vasto océano turbulento. Llegaba a todas partes, pero no iba a ninguna. No había noche ni día, y el único ser que existía dentro del agua era un dios inmóvil.

Su nombre era Atum (o Ra en algunos textos).

Atum debió de pasar eones en su soledad inerte, los suficientes para anhelar compañía. Con el tiempo, decidió poner fin a su soledad. Atum emergió de Nun en una piedra mística de forma cónica llamada Benben, y en algunos otros relatos, Atum emergió pronunciando su propio nombre. Como accesorio de su peculiar naturaleza, el dios Atum tenía elementos masculinos y femeninos dentro de su ser. Esto le permitía procrear consigo mismo. Tuvo dos hijos: Shu y Tefnut.

### La Enéada: Una genealogía divina

Por supuesto, hay variaciones dentro de nuestra historia heliopolitana en cuanto a cómo concibió Atum a su descendencia. Mientras que algunas tradiciones implican un acto similar a la masturbación, otras sugieren que Atum se apareó con su propia sombra. Otro relato nos dice que el dios Atum estornudó a Shu y escupió a Tefnut y que sus nombres son juegos de palabras onomatopéyicos para representar cómo nacieron.

Estos relatos únicos, a pesar de su divergencia, coinciden unánimemente en que el dios Atum fue el padre de Shu y Tefnut. Shu se convirtió en el dios del aire y su hermana Tefnut en la diosa de la humedad, los dos elementos fundamentales de la naturaleza. Juntos, los gemelos se embarcarían en un viaje para descubrir su propósito y cómo cumplirlo.

A Atum le disgustaba enviar a sus hijos a un mundo impregnado de oscuridad e incertidumbre abismales, pero no podía impedir que satisficieran sus curiosidades. Así que se marcharon, pero apenas se habían ido Shu y Tefnut cuando Atum se dio cuenta de que su propósito de crear a sus hijos había sido derrotado.

Una vez más se sentá solo.

Desesperado por su seguridad, el dios Atum tomó una parte de sí mismo, su ojo, y lo envió en una importante misión para encontrar a sus hijos. El ojo de Atum, también conocido como el Ojo de Ra, atravesó el vacío hasta que Shu y Tefnut fueron encontrados y se reunieron con su padre.

Atum recibió a sus hijos con lágrimas de alegría. Cada lágrima que caía de sus ojos se transformaba en una criatura viviente: la primera generación de la humanidad que habitaba un nuevo mundo.

Sin embargo, quedaba un pequeño desafío. Las aguas de Nun no eran propicias para la última creación de Atum. Necesitaban un lugar al que llamar hogar, donde sus hijos pudieran crecer. En este dilema, Shu y Tefnut descubrieron el propósito por el que se habían aventurado tan lejos.

La unión de Shu y Tefnut dio a luz a la segunda generación divina: el dios de la tierra, Geb, y la diosa del cielo, Nut. Geb es representado en el arte como un hombre de piel verde que suele sostener en alto a una mujer, que se cree que es su hermana, Nut. La bella Nut se arquea sobre su hermano y su cuerpo alberga puntos brillantes (estrellas). También se creía que Nut se tragaba el sol cada noche y lo hacía renacer para marcar el comienzo de un nuevo día.

**Representación de Nut extendiéndose sobre su hermano Geb**
*https://commons.wikimedia.org/wiki/File:PSM_V10_D564_Egyptian_representation_of_heaven_and_earth.jpg*

Debido a compartir una convivencia tan íntima, Geb y Nut se enamoraron rápidamente el uno del otro, pero su padre, Shu, lo desaprobó; algunos creen que podría haber estado celoso de la unión.

Como consecuencia, Shu separó a los dos, obligándolos a existir el uno sin el otro. Los antiguos egipcios creían que por eso la tierra y el cielo son elementos paralelos de la naturaleza hasta nuestros días.

Desconsolado, Geb derramó lágrimas de tristeza al no poder vivir con su verdadero amor. Los egipcios creían que de ahí procedían la lluvia y los océanos.

Antes de que Nut se separara de Geb, había tenido cuatro hijos: Osiris, Isis, Seth y Neftis. Algunas tradiciones egipcias incluyen un quinto hijo llamado Horus, pero la mayoría nombran a Horus como hijo de Osiris e Isis, no como su hermano. Una tercera versión alude a la existencia de ambos: Horus el Viejo como su hermano y Horus el Joven como su hijo.

Los cuatro (o cinco) hijos de Geb y Nut representarían las fuerzas de la naturaleza y conformarían por etapas el viaje de la humanidad sobre la tierra.

Así, de Atum (Ra), el dios del Sol y padre de toda la creación, surgieron Shu y Tefnut; de Shu y Tefnut surgieron Geb y Nut; y de Geb y Nut surgieron cuatro dioses y diosas: Osiris, Isis, Seth y Neftis.

Juntos, estos nueve dioses son venerados como la Gran Enéada de Heliópolis.

### Hermópolis

La versión hermopolitana de la creación es la más antigua, y no se centra en nueve dioses, sino en ocho: la sagrada Ogdóada.

**La Ogdóada de Hermópolis esculpida en la pared de una tumba en Deir el-Medina**
*SFEC_2009_POT-0008.JPG: S F-E-Cameronderivative work: JMCC1, CC BY-SA 3.0 https://creativecommons.org/licenses/by-sa/3.0 vía Wikimedia Commons; https://commons.wikimedia.org/wiki/File:Ogdoad_-_The_Place_of_Truth_-_Deir_el_Medina.jpg*

Antes de la creación de la vida, estos seres divinos existían como elementos que caracterizaban el mundo: oscuridad absoluta, aguas caóticas, misterio e infinitud.

Estos ocho dioses formaban cuatro parejas, una masculina y otra femenina. Los dioses masculinos tenían cabeza de rana, mientras que los femeninos tenían cabeza de serpiente. Sus nombres eran Nun (o Nu) y Naunet, Hah y Hauhet, Kek y Kauket, y Amón y Amonet.

Juntos navegaron por las aguas primigenias que se convertirían en un nuevo mundo. El mito hermopolitano de la creación relata la interacción entre estos ocho dioses y sus energías, que dio lugar a una explosión masiva; hoy en día, es lo que los científicos llaman el Big Bang. Como consecuencia, un montículo primordial (posiblemente el Benben) emergió de las aguas. Esto marcó el comienzo de la edad de oro en la Tierra, con la Ogdóada como gobernantes.

<u>La Calle de los Cuatro Caminos</u>

El mito hermopolitano de la creación, como el de Heliópolis, tiene múltiples subtramas, todas ellas relacionadas con la Ogdóada. En primer lugar, un huevo cósmico era la fuente del universo y de todo lo que contiene. Algunas tradiciones dicen que el huevo fue creado por los propios dioses, mientras que otras afirman que fue puesto por un ganso primigenio llamado Gengen Wer (el Gran Cacareador), un aspecto de los dioses Amón y Geb. De este huevo salió el dios Ra (o Atum), que empezó a crear el mundo.

Otra variante de esta historia se refiere a un loto místico que surgió de las aguas primigenias. Este loto tenía pétalos que se abrían lentamente y daban a luz a un pájaro de luz, que representaba a Ra, quien comenzó la creación del mundo. El tercer relato coincide en que el loto surgió de las aguas, pero en lugar de Ra, del loto surgió un escarabajo cuando se abrió. Brillaba tanto como el sol, marcando el primer amanecer. En algunas versiones mitológicas, este escarabajo se transformó en un niño llamado Nefertum. Sus lágrimas fueron las que crearon a los primeros seres humanos que pisaron la tierra.

La cuarta versión hermopolitana de la creación sostiene que el mundo no surgió de un loto ni de un ganso celestial, sino de un huevo puesto por un ave sagrada conocida como ibis. Este ibis era Thot, el dios de la escritura, la ciencia y la magia.

Los hermopolitas afirman con orgullo que sus historias de la creación son las más antiguas, ya que dan cuenta del origen de Ra, la fuente del universo. Según ellos, el dios Ra (o Atum) no acababa de nacer. Fue una creación de los ocho dioses conocidos como la Ogdóada.

### Tebas y Menfis

Muchos panteones de la antigua Tebas tenían tallas y estatuas de Amón, uno de los dioses de la Ogdóada. Este dios era adorado en Tebas como un ser supremo y el dios más importante en lo que se refería a la creación. Los tebanos creían que los demás dioses eran creación de Amón y que el mundo no existiría sin él. Creó el ganso (el Gran Cacareador) que rompió el vacío de las aguas primigenias e invocó el montículo (o piedra) primigenio que albergaría a Atum.

Los adoradores de Amón también creían que Tebas, la poderosa capital de Egipto en el siglo XI a. C., fue fundada por Amón, junto con el resto del mundo. Cuando Tebas alcanzó la prominencia en Egipto, Amón se convirtió en un dios superior.

En Menfis, otra antigua ciudad egipcia, se cree que una deidad llamada Ptah, dios de la artesanía y la arquitectura, utilizó su pericia en el habla divina para formar a los dioses y el mundo. También se lo veneraba como protector de lo que había creado, y era el único dios que no había sido creado por otro.

Por muy dispares que parezcan estas historias de la creación del antiguo Egipto, comparten algunas similitudes fascinantes. La primera es la creencia de que el mundo fue creado por dioses, seres sobrenaturales que se crearon a sí mismos o llegaron a existir por medios extraordinarios.

La segunda es la creencia de que antes de la creación, el universo existía como un vacío acuoso. Esto simboliza un estado de caos, vacío y falta de orden, es decir, hasta que surgen los dioses y salvan el día. Los autores de estos mitos permanecen aún por descubrir, pero lo que es seguro es que estas historias de la creación han marcado en gran medida la cultura egipcia, tanto entonces como hoy.

# Capítulo 2 - La forma del mundo y Maat

La curiosidad es quizá el mayor don de la humanidad; de lo contrario, ¿cómo llegaría a nosotros el conocimiento?

El mundo ha sido el hogar de la humanidad durante muchos eones, y como habitantes de un entorno verdaderamente complejo, la responsabilidad de encontrar la verdad se ha transmitido de generación en generación. El antiguo Egipto es famoso por ser un centro de arte, cultura y ciencias naturales, entre las que se incluye la cosmología, en la que la gente busca el significado del mundo en que vive.

La información y las tecnologías científicas modernas eran inexistentes en aquella época, por lo que los egipcios que buscaban ese conocimiento del universo recurrían en gran medida a lo sobrenatural. Dioses y diosas tenían que haber intervenido en la estructura del universo. También intervenían en las rutinas de la naturaleza, como el amanecer y el atardecer, la lluvia y la sequía, el viento y las tormentas. Lo más significativo de todo es que los dioses diseñaron la forma del mundo.

Si visitáramos a los científicos más venerados del antiguo Egipto, que solían ser sacerdotes, nos dirían que la Tierra era plana y ovalada. Esto es evidente en el viaje de Ra al inframundo, un viaje que hacía todos los días. A menudo se describe como un descenso. Esto demuestra que los egipcios pensaban que había una pendiente o curva en el borde de la tierra de un reino al otro. Después de su estancia de toda la noche, el dios del Sol se levantaba de nuevo en el otro lado, lo que se conoce como un ascenso.

Como recordará en el mito de la creación heliopolitana, los nietos de Ra, Geb y Nut, estaban conectados. También recordará que la diosa Nut es representada como una mujer desnuda arqueada sobre su hermano Geb. Ella representa el cielo (o los cielos), a través del cual Ra viaja durante el día.

El arco de Nut habla de la teoría de la forma ovalada que sostenían los antiguos egipcios. La otra mitad del óvalo era el inframundo (también conocido como Duat), completando un óvalo plano.

## Maat: El orden del mundo

El mundo no surgió de la nada. Necesitó de la mano del divino Amón, que convirtió las desoladas aguas de Nun en un hermoso hogar para criaturas vivientes de todo tipo. Con todo ese trabajo surgió Maat, el orden del universo. Maat es un aspecto central de la mitología egipcia, que atraviesa la vida de los dioses y su relación con los mortales.

El comienzo exacto de Maat fue la creación y, a partir de entonces, cada nuevo rey de Egipto tenía el deber de mantenerlo. Maat también influiría en el destino de cada alma en la otra vida. Esencialmente, Maat atravesaba todas las esferas de la existencia tanto para mortales como para inmortales como un «qué» y un «quién».

### Maat: El «qué»

En primer lugar, la antigua mitología egipcia presenta a Maat como un principio, una idea o concepto de justicia, equidad, orden y armonía. El propio nombre significa «lo que es recto». Cuando Amón (o Ra) creó el mundo, su intención era el compañerismo y la armonía. Las caóticas aguas de Nun existían desde hacía mucho tiempo, y el creador anhelaba la paz.

Mediante el poder de la magia divina llamada *heka*, el mundo se puso en orden. El primer grupo de personas que ocupó la tierra la mantuvo en honor a su creador. Los antiguos egipcios creían que, para permanecer en línea con Maat, cada ser humano tenía un deber consigo mismo, con sus semejantes, con su creador y con la Tierra. Algunos de estos deberes, como la humildad, el autocontrol y la sabiduría, fueron descritos por un antiguo visir egipcio llamado Ptahhotep en su libro *Las máximas de Ptahhotep*.

Estos deberes debían cumplirse en función de la clase social, la edad y el sexo. Los tiempos y las estaciones también se asociaban con Maat. Cada año, había un momento en el que el río Nilo se desbordaba y otro en el que retrocedía. Este era el orden de las cosas, y las interrupciones de estos procesos naturales se consideraban una señal de caos o de ira de los dioses. La ascensión de un nuevo rey también formaba parte de Maat.

Tras la era de los dioses, Egipto fue gobernado por hombres. Estos hombres eran los representantes de los dioses en la Tierra y, tras la muerte de un rey, había que entronizar a otro para preservar Maat. Los reyes injustos traían la desgracia a la tierra de Egipto y eran condenados al sufrimiento eterno en la otra vida después de su muerte. Maat también representaba la ley, pero en un sentido más natural y espiritual que legal. Se esperaba que los reyes de Egipto fueran modelos de estas leyes.

En la mitología egipcia, los principios de justicia y orden (Maat) se aplican no solo a Egipto, sino también a todas las naciones de la tierra. En las épocas venideras, se establecerían en Egipto principios similares a los de Maat de otras naciones.

Maat: El «quién»

**Pintura reconstruida de Maat**

*TYalaA, CC BY-SA 4.0 https://creativecommons.org/licenses/by-sa/4.0 vía Wikimedia Commons; https://commons.wikimedia.org/wiki/File:Goddess_Ma%27at_or_Maat_of_Ancient_Egypt_-_reconstructed.png*

En las imágenes, Maat aparece como una hermosa diosa con alas doradas, sosteniendo un anj y un cetro y llevando un tocado de plumas de avestruz. Nació de Amón (Ra) por el poder de la *heka* (magia) cuando se creó el mundo.

Maat era la razón por la que el mundo seguía un camino ordenado tras la creación, ya que todos los elementos de la naturaleza estaban en su lugar y cumplían su propósito ordenado. Esta diosa encarnaba la armonía, la justicia y la continuidad. Ella era la razón por la que el día era día, la noche era noche, el cielo era el cielo y la tierra era la tierra tal y como habían sido creados. Los astrónomos del antiguo Egipto creían que las estrellas del cielo nocturno seguían los caprichos de Maat.

De todas las diosas del antiguo panteón egipcio, Maat tenía un carácter distintivo. No era protagonista de ningún mito, como Isis o Hathor. Era la manifestación de una idea. El pueblo la practicaba como un principio en lugar de adorarla como a una deidad. Representaba reglas que había que obedecer, más que una figura a la que había que rendir pleitesía.

La influencia de Maat estaba tan arraigada en la estructura de Egipto que era la base de la educación. Aparte del faraón, los eruditos, escribas y otros miembros de la élite alfabetizada de Egipto, había custodios del conocimiento de Maat. Estos burócratas eran hombres de alto rango en la sociedad que adoraban a Maat junto a su esposo Thot, el dios de la sabiduría.

Los escribas también se encargaban de educar al pueblo sobre cómo vivir sus vidas de acuerdo con el orden del mundo mediante tradiciones orales y textos instructivos. Uno de los escribas más famosos que escribió un texto instructivo en Egipto fue Amenemope. Su libro, titulado *Instrucción de Amenemope*, era una versión avanzada de *Las Máximas de Ptahhotep*, que había sido escrito muchos años antes de que naciera Amenemope. Durante la dinastía XX del antiguo Egipto, el libro de Amenemope se convirtió en un manual para complacer a la diosa Maat.

El libro comenzaba exhortando al pueblo a la obediencia y a una recta interpretación de sus palabras. También hablaba de las recompensas de poner en práctica sus instrucciones:

«Si pasas toda una vida con estas cosas en tu corazón,

te parecerá una buena fortuna;

Descubrirás que mis palabras son un tesoro de vida,

Y tu cuerpo florecerá sobre la tierra».

A continuación, el libro advertía contra el maltrato a los pobres, la falta de respeto a los ancianos y la participación en negocios turbios. Estos constituían algunos de los peores vicios del antiguo Egipto y eran condenados como amenazas para la preservación de Maat.

El libro de Amenemope giraba en gran medida en torno al tema del autocontrol y la moderación ante las provocaciones. Al exhortar a la gente a no «discutir con el hombre pendenciero», a «proceder con cautela ante el adversario» y a dejar en paz a esas personas, presentaba a los cumplidores como dignos ejemplos para sus hijos.

El comportamiento y la conducta en público eran otros temas sobre los que el pueblo recibía instrucciones claras en el libro de Amenemope. En los lugares de culto, debían ser sobrios y guardar silencio. Dado que los asuntos de la tierra eran una fuente común de disputa en la antigüedad, el libro de Amenemope hablaba contra la codicia y la alteración de los límites de la tierra para acumular riquezas mal habidas o para el cultivo:

«Y recibe el pan de tu propia era:

Mejor es la fanega que Dios te da

que cinco mil conseguidos con engaño».

Los capítulos siguientes condenaban la glotonería entre amos y siervos, y el soborno entre funcionarios del gobierno. También hablaba del castigo de Thot reservado a los escribas corruptos.

«El Mono [Thoth] descansa [en] el templo de Khmun,

mientras su ojo viaja por las Dos Tierras;

Si ve a uno que peca con su dedo [es decir, un falso escriba],

se lleva sus provisiones por el diluvio.

En cuanto a un escriba que peca con su dedo,

su hijo no será inscrito».

También se reprende con vehemencia la arrogancia, el alboroto, los falsos testimonios y las difamaciones, sobre todo porque eran (y siguen siendo) comunes en la práctica del derecho.

La excepcional capacidad de escritura de los escribas en la antigüedad hizo que los principios de Maat fueran fácilmente comprensibles y practicables para el pueblo.

Aunque la diosa Maat no tenía templos propios como otras diosas, era más importante que la mayoría. Algunos dirían que era la más importante de todas. Representaba la vida misma y era omnipresente. Los reyes le rezaban para que los ayudara a mantener el orden, y el pueblo le pedía lo mismo en sus casas y en las calles. Todos los mortales de Egipto la veneraban con su vida, y su influencia se mantuvo intacta durante muchas generaciones.

En la otra vida, los egipcios creían que el corazón de cada hombre sería pesado con Maat para determinar hasta qué punto cumplía con los principios de la justicia. Esta prueba tendría lugar en la Duat, el famoso inframundo y la tierra de los muertos.

# Capítulo 3 - La Duat y el más allá

La Duat, también conocida como inframundo o Tuat, era el hogar de los muertos. Puede imaginársela como un lugar oscuro y frío donde montones de almas esperaban desesperadamente la llegada de Ra para revitalizarlas, pero era mucho más que eso. Por irónico que parezca, aunque la Duat era la «tierra de los muertos», era un hervidero de actividad.

Como firmes creyentes en la vida después de la muerte, los habitantes del antiguo Egipto llamaban a la Duat el hogar eterno de las almas, lo que significaba que allí se encontraban muchas almas. También había criaturas míticas, dioses, diosas, demonios y espíritus, cada uno con un papel que desempeñar.

En textos anteriores, la Duat se representaba como un cielo celestial en lugar de un «inframundo». Esto se debía a que se decía que los faraones que morían e iban a la Duat subían al cielo como estrellas o se convertían en parte del sol, que viajaba cada día a través del cuerpo de la diosa del cielo Nut. Esto hace que el concepto de la Duat sea un poco ambiguo, teniendo en cuenta que el cielo está situado sobre la tierra y no bajo ella. Posteriormente, durante el imperio medio, la Duat se popularizó como un inframundo donde todos los humanos pasarían la eternidad.

La Duat se representa en los textos jeroglíficos como una estrella en un círculo, lo que posiblemente alude a sus múltiples subreinos. Existía el reino donde se juzgaba a las almas, otro reino donde vivían dioses y diosas, otro reino donde vivirían los hombres que habían defendido a Maat y un reino para los injustos. Así pues, el cielo y el infierno se encontraban en un mismo lugar, solo que en ubicaciones diferentes.

Geográficamente, el inframundo tenía características reconocibles para las almas que lo llamaban hogar. Esto incluía lagos y océanos con barcos para que las almas viajaran, así como montañas y colinas. Las paredes de hierro, los lagos de fuego y los árboles de color turquesa eran algo fuera de lo común, pero el inframundo lograba un equilibrio esperado entre lo normal y lo espectral.

La Duat: La tierra de los muertos

El viaje de un alma a la Duat comenzaba con la muerte.

Tras el fallecimiento, una persona era embalsamada y momificada. Durante este proceso, se extirpaban todos los órganos internos del cadáver, dejando solo el corazón en su lugar. Esto se debía a que el corazón sería necesario en la Duat.

La momificación era una práctica importante en el antiguo Egipto. Consistía en eliminar toda la humedad del cadáver, ya que podía causar putrefacción. El objetivo de esta práctica era preservar gran parte de la forma física del difunto. Aunque era el alma de una persona la que pasaba al más allá egipcio, el cuerpo físico era un recipiente igualmente importante. Este recipiente transportaba el alma a las puertas de la Duat. Si el cuerpo estaba roto o podrido, el espíritu podía perderse.

Es importante destacar que, durante la mayor parte del imperio antiguo, solo los faraones podían aspirar a encontrar el paraíso en la otra vida. Posteriormente, el pueblo llegó a saber que incluso los plebeyos tenían un lugar en la otra vida si estaban dispuestos a hacer lo necesario. La momificación era un proceso caro que no estaba al alcance de la mayoría de los plebeyos, pero la práctica de secar un cadáver al sol del desierto durante más de setenta días también funcionaba.

Aunque la momificación era más común entre los hombres, las mujeres de la nobleza que podían permitirse el proceso también eran momificadas. Curiosamente, en 2018 se desenterró en las tumbas reales de Luxor una momia bien conservada de una mujer embarazada del siglo I a. C.

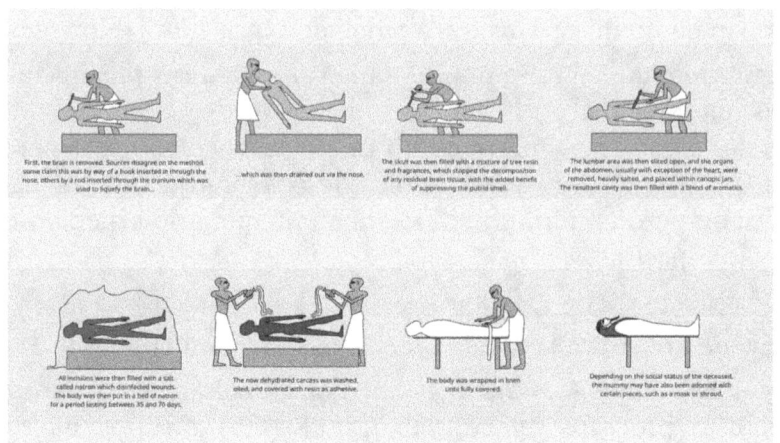

**El proceso de momificación**
*SimplisticReps, CC BY-SA 4.0 https://creativecommons.org/licenses/by-sa/4.0 vía Wikimedia Commons; https://commons.wikimedia.org/wiki/File:Mummification_simple.png*

Los muertos solían ser enterrados en la orilla oeste del río Nilo, ya que se creía que era la mejor ruta hacia el inframundo. Los ritos funerarios incluían la invocación a dioses y diosas guardianes para que ayudaran al alma a llegar al inframundo. Aparte de hechizos y conjuros, estas invocaciones incluían enterrar amuletos, estatuillas y estatuas de protección junto al difunto.

Entonces, el difunto despertaba en la Duat. La Duat era el lugar donde se juzgaba a los humanos por sus actos en la Tierra y, como se puede imaginar, no todos pasaban la prueba. Si un alma no la superaba, sería condenada a la condenación eterna en el ardiente lago de fuego, donde residía Ammit, el demonio devorador de almas del inframundo. La determinación de no convertirse nunca en presa de Ammit era lo que impulsaba a los habitantes del antiguo Egipto a defender el Maat con sus vidas.

Pero antes de que tuviera lugar la prueba, las almas se vestían con ropas limpias y recibían sandalias nuevas al entrar en la Duat. A continuación, eran transportadas al Salón de la Verdad para ser juzgadas. El Salón de la Verdad era grande y magnífico, y las almas formaban largas filas para ser juzgadas ante Osiris, el dios del inframundo.

Osiris estaría flanqueado por el dios Anubis y el dios Thot. También había 42 dioses (o jueces) en la sala, cada uno de los cuales representaba un distrito (o *nomo*) del antiguo Egipto. Cuando llegaba el turno de juzgar a un alma, esta se adelantaba y pronunciaba la «Declaración de Inocencia» ante cada uno de los 42 jueces. He aquí un breve ejemplo de lo que

habrían dicho:
1. Salve Jinete Lejano, que saliste de Heliópolis, no he cometido ninguna falsedad.
2. Salve Abrazador del Fuego, que saliste de Kheraha, no he robado.
3. Salve Entrometido, que saliste de Hermópolis, no he sido rapaz.
4. Salve Tragador de Sombras, que saliste de la caverna, no he robado.
5. Salve, Peligroso, que saliste de Rosetjau, no he matado hombres.

Estas confesiones sagradas eran el testimonio de un alma de haber vivido de acuerdo con Maat, y cada confesión tenía que ser aceptada por los dioses, o de lo contrario el alma corría mayor peligro de ser condenada.

A continuación, se entregaba el corazón para que Anubis lo pesara en una balanza de oro. El corazón representaba el carácter, la personalidad y los valores de una persona en la Tierra. Por eso, en el antiguo Egipto, el corazón solía enterrarse con los muertos.

En el otro lado de la balanza de oro habría una pluma blanca de avestruz, un aspecto de Maat llamado la Pluma de la Verdad. Esta prueba determinaría en última instancia si el alma merecía la vida eterna o, todo lo contrario. Si el corazón del alma pesaba menos que la Pluma de la Verdad, significaba que, efectivamente, el alma había vivido una vida agradable a los dioses. Su recompensa sería la entrada en el paraíso de la otra vida.

Si el corazón de un alma pesaba más que la Pluma de la Verdad, significaba que el alma era injusta y no apta para el paraíso. Su corazón sería arrojado a un pozo de fuego o arrojado al demonio devorador de almas, Ammit. Una vez devorada, el alma dejaría de existir y moriría una segunda muerte.

**Ammit, el devorador de almas, expuesto en el Museo Británico**
*https://commons.wikimedia.org/wiki/File:Ammit_BD.jpg*

Este era el peor destino al que podía ser condenado un mortal y, como resultado, sobrevivir al Salón de la Verdad era más importante para el pueblo de Egipto que las riquezas terrenales, la fama o la gloria.

Tras el Salón de la Verdad había un hermoso lago, conocido como el lago de los Lirios o el lgo de las Flores. Solo un barco transportaba almas a través de este lago hacia el paraíso, y el espíritu a cargo del barco se llamaba Hraf-haf. Su ayudante se llamaba Aken. Hraf-haf era una criatura mística que llevaba la cabeza hacia atrás y tenía muy mal genio. Incluso después de pasar la prueba en el Salón de la Verdad, el viaje al paraíso no era regalado, al menos no bajo la vigilancia de Hraf-haf. Algunas tradiciones afirman que Hraf-haf retaba a las almas a un partido de pesca. Perder significaba perder el puesto en su barco y quedar varado. Otros relatos insisten en que para convencer al malhumorado barquero bastaba con ser paciente y amable, a pesar de sus provocadoras palabras y miradas.

Hraf-haf no era el único obstáculo en el camino del alma hacia el paraíso. Había otros peligros, como ser atacado por los demonios que custodiaban las numerosas puertas que conducían al paraíso. Estas puertas eran quince o veintiuna, y las almas tenían que estar en guardia para protegerse de los espíritus malignos.

Aaru, o el campo de los Juncos, era el destino final de todas las almas que sobrevivían a las pruebas del Lago de los Lirios. Estaba situado al este, por donde salía el sol, y solía representarse como una hermosa isla con interminables campos que se extendían imponentes hasta el horizonte.

Aquí, las almas podían vivir como en la Tierra. Podían tener tierras de labranza y cosechar cultivos, ya que el tiempo y las condiciones climáticas de Aaru eran perpetuamente perfectos para el cultivo.

Las almas podían comer y beber, celebrar fiestas y tener relaciones sexuales. En Aaru se conservaba el orden social. Los faraones del antiguo Egipto solían ser enterrados con muchos sirvientes porque estos asumían sus funciones en Aaru. Las posesiones que un alma, rey o no, necesitaba en la otra vida se enterraban con ellos. Estas les serían entregadas en Aaru para que las utilizaran a su conveniencia para siempre.

<u>La Duat: El hogar de los dioses</u>

Es posible que haya oído hablar del monte Olimpo en la mitología griega o del Valhalla en la mitología nórdica. Estos eran los hogares de los dioses, al igual que la Duat de la mitología egipcia. Los antiguos egipcios de todas las épocas coincidían en la existencia de dioses en la Duat, desde la primera percepción de la Duat como un hogar celestial sobre la tierra hasta su percepción posterior como un inframundo bajo la tierra.

El primer dios de la Duat fue Osiris, tras un terrible incidente con su hermano Seth en la Tierra. Según los textos antiguos, Osiris gobernó el inframundo con tanta brillantez como lo había hecho en la Tierra. Su brillante conocimiento del inframundo sirvió de guía a otros dioses que residían y trabajaban en la Duat como jueces, guardianes, protectores y amigos de las almas mortales.

Mientras las almas esperaban a ser juzgadas en el Salón de la Verdad, eran atendidas por diosas como Isis, Neftis, Hathor y Qebhet. Estas diosas solo atendían a las almas para cuyo cuidado habían sido invocadas durante el entierro. Aparte del papel de Anubis como Pesador de Corazones, el dios era quien permanecía a las puertas de la Duat para dar entrada a las almas. Su compañero, el dios Thot, era un consejero para las almas que buscaban sabiduría en la otra vida. Para ello lo visitaban en su mansión de Aaru. Las casas de los dioses y diosas en el más allá eran más magníficas que sus templos terrenales, y solo los justos vivían para verlas.

El dios del Sol Ra era otro invitado frecuente en la Duat. Todas las noches llegaba en su barca divina, el Atet, tras una ardua lucha con la serpiente del Caos, Apofis (o Apep). Pasaba las diez horas de la noche revitalizando las almas de la Duat con su energía solar y, al amanecer, ascendía al cielo como el sol.

Se trataba de un ciclo que se repetía y que era vital para la preservación de Maat; era un ciclo que nunca debía interrumpirse. Además, con Apofis (Apep) acechando al dios del Sol cada noche, los habitantes del inframundo esperaban ser testigos de una batalla épica y de la victoria de Ra, algo que siempre ocurriría para preservar Maat.

# SEGUNDA PARTE: MITOS Y LEYENDAS

# Capítulo 4 - Ra y Apofis

Si alguna vez se ha preguntado cómo la noche se convierte en día, imagine a cierto famoso dios haciendo viajes eternos a través de un mundo de oscuridad y muertos, mientras lucha contra un feroz monstruo para hacer salir el sol al día siguiente. Así era el viaje de Ra.

Seguramente a estas alturas ya conoce a Ra, el dios egipcio del sol y el sol mismo. También conoce su estatus en la divinidad y su prominencia entre los dioses que sentaron las bases de Egipto y de todo el mundo tal y como ha existido durante muchas generaciones.

Uno de los principios básicos de la mitología egipcia es el énfasis en la intervención de los dioses (seres sobrenaturales) en los asuntos de los humanos (seres mortales). Esto estableció un complejo sistema religioso, y se ha demostrado que existió durante el imperio antiguo. Estas creencias se derivaban de antiguos grabados egipcios y textos de la prehistoria. En ellos se relataban batallas legendarias que describían el poder de los dioses y cómo sus victorias preservaban la tierra, sus elementos y a todos los que vivían en ella.

Una de estas batallas fue entre el dios del Sol Ra y su archienemigo, un villano serpiente llamado Apofis (o Apep). Las serpientes son criaturas temidas y veneradas a la vez en la mitología egipcia. Las diosas de la Ogdóada tenían cabeza de serpiente. Incluso a Ra se lo representa a menudo con una serpiente apoyada en el disco solar de su cabeza. Así pues, las serpientes no simbolizaban directamente el mal.

Apofis, sin embargo, era una serpiente a los pies del inframundo, y era tan malvada como podían serlo. Representaba el caos, la oscuridad y la destrucción total, y era conocida tanto entre los dioses como entre los hombres.

El nombre de Apofis se menciona por primera vez en documentos del imperio medio egipcio (c. 2030 a. C. y 1640 a. C.), que fue inmediatamente posterior al imperio antiguo.

Las historias sobre los orígenes de la serpiente maligna varían de un culto religioso y de un lugar a otro, pero todos los relatos afirman que Apofis procede de Ra. Algunos incluso sostienen que la serpiente surgió del cordón umbilical de Ra, pero ninguna tradición se refiere realmente a Apofis como un vástago de Ra. Esto se debe posiblemente al odio de Apofis hacia Ra y a su afán por destruir al dios del Sol interfiriendo en sus responsabilidades terrenales.

¿Cuáles eran esas responsabilidades? Bueno, desde su aparición como dios solar, Ra era el principal responsable de separar el día de la noche. Su rutina diaria consistía en viajar por el cielo en su barcaza solar (o una especie de carro), que era el propio sol. Imaginemos el sol como una brillante barcaza flameante que flota entre las nubes y difunde su resplandor por donde pasa; ese sería el dios Ra en acción.

Al caer la tarde, Ra descendía lentamente al inframundo por el horizonte occidental; por eso el sol siempre se pone por el oeste. Tras pasar la noche en el inframundo, la pequeña nave de Ra volvía a elevarse a los cielos por el este.

Ra nunca viajaba solo. Con él en su nave flotante iban soldados (o defensores), como el dios Seth (antes de que se volviera malvado) y el Ojo de Ra. Ayudaban a proteger al dios del Sol.

A mitad de su descenso al inframundo, Ra y su séquito se veían acosados por Apofis. Normalmente, Apofis acechaba en torno a una montaña del oeste conocida como Bakhu al atardecer o en algún lugar del inframundo antes del amanecer. Ra nunca podía predecir dónde esperaba la serpiente para atacar, por eso uno de los alias de Apofis es el «encerrador del mundo». Apofis era un prisionero que nunca podría vivir en la Tierra, ni siquiera en el inframundo. Bloqueaba el camino del dios del Sol al inframundo, y no sería eliminado hasta que fuera derrotado. Algunos relatos sugieren que Apofis estaba amargado porque el dios del Sol lo había derrocado como dios de los dioses, pero muchos coinciden en que la serpiente era malvada desde el principio.

Así, cada noche se producía una batalla entre el dios del Sol y Apofis. A veces, el dios del Sol luchaba solo, y otras veces, contaba con la ayuda de miembros de su séquito, especialmente el dios Seth y Bastet, la feroz diosa de la protección. Ella adoptaba la forma de un gato celestial y luchaba contra Apofis, ya que se sabía que los gatos y las serpientes eran enemigos naturales.

Cabe destacar que Apofis era un oponente formidable. No era una criatura mortal, por lo que era increíblemente difícil de matar, incluso para un dios. Se lo podía repeler, aprisionar, debilitar o desmembrar en el mejor de los casos. Apofis podía comerse cualquier cosa sin matarla. En cambio, lo que comía se perdía para siempre en un abismo oscuro, sin probar nunca la muerte ni el más allá. Podía alimentarse de vivos o muertos, dioses o mortales. Según algunos relatos, comandaba un ejército de demonios a su semejanza. Los ojos de Apofis tenían el poder de la hipnosis, otra arma que utilizaba en la guerra. A veces, Ra era hipnotizado por Apofis, pero los dioses y diosas que lo acompañaban acudían rápidamente en su ayuda.

Para marcar el comienzo de cada batalla, Apofis lanzaba un rugido ensordecedor y se deslizaba violentamente hacia el dios del Sol. Su ataque era el causante de los terremotos. Cada vez que Seth ensartaba a Apofis, clavándolo en el suelo, Apofis se retorcía con una rabia brutal y rugía de dolor, provocando tormentas eléctricas en la tierra.

Sin embargo, a pesar del terrible aspecto de Apofis, nunca se supo que Ra perdiera una batalla contra la serpiente. En algunas ocasiones, el dios del Sol fue devorado por Apofis; se creía que esto era la causa de los eclipses solares. Pero al final, Ra ganaba la batalla. Salía del vientre de la bestia y derrotaba a Apofis, normalmente con la ayuda de su ejército de dioses y diosas.

El dios del Sol no podía perder contra Apofis porque eso marcaría el fin del dios del Sol. Si no hubiera dios sol, no habría sol. Y sin sol, no habría día. Sin día, la Tierra y la humanidad estarían condenadas a una oscuridad perpetua.

Sabiendo lo importante que era la victoria de Ra para su existencia, los mortales no dejarían al azar la guerra nocturna entre la oscuridad y la luz.

<u>El destierro de Apofis</u>

> «Retrocede, Apep, enemigo de Ra, serpiente serpenteante en forma de intestino, sin brazos [y] sin piernas. Tu cuerpo no puede erguirse para que tengas en él ser, larga es tu cola frente a tu guarida, enemigo; retírate ante Ra. Se te cortará la cabeza y se llevará a cabo tu matanza».

—Extracto de un antiguo conjuro jeroglífico traducido por Sir Wallis Budge

Cada año en Egipto, una ocasión trascendental reunía a todos los adoradores y sacerdotes de Ra en los templos de todo el país. La ocasión aseguraría la victoria del dios del Sol contra su vengativo oponente, Apofis, y preservaría el orden del mundo (también conocido como Maat).

De todos los seres sobrenaturales de la mitología egipcia, solo se adoraba activamente a Apofis. Su naturaleza maligna carecía de motivos y no tenía ningún lado bueno. Odiaba a los mortales y solo buscaba su aniquilación, por lo que había que cumplir rituales y ritos para mantener a raya a Apofis y su maldad.

El más destacado de estos ritos era el destierro de Apofis, también conocido como el destierro de Apep o el destierro del Caos. Este ritual se celebraba en todas las provincias del antiguo Egipto, ya que todas estaban unidas contra un enemigo común. El éxito de este ritual garantizaría la victoria del dios del Sol durante el año siguiente.

El destierro de Apofis comenzaba con la elaboración de una efigie o estatua que representaba a la serpiente. Esta efigie se hacía portadora de todas las maldiciones y males de la tierra, y luego se quemaba hasta reducirla a cenizas, lo que simbolizaba la destrucción de Apofis. En otros templos, las imágenes de Apofis se ilustraban en papiros. Después se maldecían y se quemaban.

Estos rituales eran dirigidos por sacerdotes, que se guiaban por un libro especial titulado el «Libro de Apofis». El libro contenía instrucciones sobre otras formas de desafiar a Apofis, aparte de quemar su imagen. Entre ellas estaban escupir a Apofis, pisotearlo con el pie izquierdo, ponerle cadenas y apuñalarlo con lanzas o cuchillos. Estos ritos expresaban el desprecio del pueblo por la serpiente maligna y se creía que daban fuerza a su campeón, el dios del Sol, en la batalla.

Apofis también era un devorador de muertos. Los egipcios temían que sus muertos se convirtieran en presa de los monstruosos apetitos de la serpiente, por lo que enterraban hechizos y conjuros para repeler a Apofis con sus muertos. Así protegerían sus almas en el más allá de la destrucción.

La leyenda de Ra y Apofis tuvo una enorme influencia en los asuntos religiosos del antiguo Egipto. Daba al pueblo un sentido del deber de preservar su existencia manteniendo el mal bajo subyugación. Cada vez que salía el sol al día siguiente, tenían la seguridad de que el dios Ra había obtenido otra victoria.

# Capítulo 5 - El mito de Osiris

Las pirámides estaban de moda en los imperios antiguo y medio. Solo con ver sus imágenes, uno se pregunta cuánto tiempo, dinero y esfuerzo se necesitó para construir algo tan majestuoso. La respuesta es mucho. Tales recursos no los gastarían personas pasivas o agnósticas sobre la vida después de la muerte.

Los egipcios que no eran reyes también eran enterrados de forma única para facilitar su paso al más allá. Los cadáveres de los nobles solían momificarse: embalsamados y envueltos en vendas de lino, se enterraban mirando al este (por donde salía el sol). De este modo, sus espíritus se elevaban y se unían al dios sol en su eterno viaje de ida y vuelta al inframundo. Los plebeyos que no podían permitirse el proceso de momificación dejaban los cuerpos de sus difuntos al sol del desierto durante más de dos meses como método de embalsamamiento. Aunque la construcción de pirámides se consideraba anticuada en el nuevo imperio, la creencia egipcia en la vida después de la muerte se mantuvo, al igual que los ritos funerarios para asegurar el tránsito del difunto.

¿Cuál era el fundamento de esta inquebrantable fe egipcia? Era un mito. El mito más popular de la mitología egipcia. Se basaba en una intrigante disputa familiar. Este capítulo se centra en el mito de Osiris, el dios-rey que pasó gloriosamente a la otra vida a pesar de las sórdidas circunstancias.

La disputa familiar

En la historia de la creación de Heliópolis, los nietos del dios solar Ra, Geb y Nut, tuvieron entre cuatro y cinco hijos antes de que su padre, Shu, los obligara a separarse, pues no aprobaba del todo su unión.

Ahora bien, esta historia comienza en una época en la que Egipto estaba gobernado por Osiris, el primer hijo de Geb y Nut. La forma terrenal de nuestro protagonista era la de un apuesto joven barbudo vestido con ropajes reales y un tocado de plumas (llamado *Atef*) sobre su cabello negro azabache. Su encanto y carisma se veían reforzados por su extraordinaria sabiduría, que utilizaba para gobernar Egipto.

**Imagen de Osiris**
*Autor desconocido, CC0, vía Wikimedia Commons;*
*https://commons.wikimedia.org/wiki/File:The_Sacred_Books_and_Early_Literature_of_the_East,_vol._2,_pg._64-65,_Osiris.jpg*

Se desconoce la época exacta en que Osiris gobernó Egipto, por lo que los textos históricos suelen referirse a él como un rey «predinástico» o «primigenio». Como mínimo, cabe suponer que Osiris heredó el trono de su padre Geb, que era el dios de la tierra.

El reinado de Osiris estuvo marcado por importantes reformas en la vida del pueblo. En primer lugar, prohibió el canibalismo en Egipto. En lugar de tal barbarie, Osiris guió a su pueblo a buscar alternativas como el cultivo de sus propios alimentos en tierras cultivables. Bendijo a todos los que obtuvieron abundantes cosechas para su sustento. Esto le valió a

Osiris el título divino de dios de la fertilidad, la agricultura y la vegetación.

Otro aspecto destacado del reinado de Osiris aparece en la famosa obra de Plutarco *Moralia*. Se trata de la mejora de la cultura artística de Egipto. La música y la danza florecieron en Egipto bajo la atenta mirada de Osiris, que un día se embarcó en un viaje por todo el mundo para difundir esta nueva civilización. El dios-rey visitó muchas tierras de Europa y Oriente Próximo, llevando al mundo a una nueva era de arte y cultura. Antes de abandonar su hogar, Osiris confió el gobierno de Egipto a su esposa, que también era su hermana, Isis.

La reina Isis adoraba a su marido y se hizo cargo del fuerte en su ausencia, a pesar de sus secretos dolores por no haberle dado un heredero. Había visto a su marido administrar un reino, inculcando a sus gentes las virtudes de la verdad, la equidad y la justicia para con el pueblo. Resolvió preservar las normas siendo una gobernante amable.

Cuando recibió el mandato del rey para gobernar en su lugar hasta que él regresara, no sabía que se estaba tramando un plan mortal. Este siniestro complot estaba siendo defendido por su otro hermano, Seth.

En el corpus egipcio se encuentran versiones divergentes del motivo de Seth para dañar a un buen rey. El historiador griego Plutarco sugiere que Seth albergaba desde hacía tiempo sentimientos de celos y envidia hacia la fortuna de su hermano y su pacífico reinado sobre Egipto. Codiciaba el trono y todo lo que tenía su hermano mayor. Esto habla de un motivo influenciado principalmente, si no totalmente, por la mala naturaleza de Seth. Al fin y al cabo, era el dios del caos violento y la guerra. Se lo representa como una criatura pelirroja con semejanzas físicas a múltiples animales, incluyendo hienas, chacales, cerdos y zorros.

Otros relatos, sobre todo de los Textos de las Pirámides, infieren que el odio de Seth hacia su hermano pudo tener raíces más profundas. Algunos relatos dicen que Osiris se acostó con la esposa (y hermana) de Seth, Neftis, y que su relación ilícita dio lugar al nacimiento de Anubis. En defensa del dios-rey, Neftis lo había engañado tomando la forma de la esposa de Osiris, Isis, y él se había acostado con ella pensando que era realmente su esposa.

Plutarco nos dice que Seth no se apaciguaría. Enfurecido con su hermano, Seth juró que mataría a Osiris. Seth rápidamente reunió a un pequeño grupo de conspiradores. El rey Osiris era amado por demasiada gente como para que Seth pudiera encontrar cómplices fácilmente, así que sobornó a algunos hombres deshonrosos para que se pusieran de su lado o los manipuló con palabras. Mientras el dios-rey estaba de viaje, Seth y sus hombres urdieron un maléfico plan.

Muy pronto, Seth anunció que celebraría un gran banquete en su casa, posiblemente para celebrar el regreso de su hermano de su exitosa vuelta al mundo. Llegó el día y asistieron numerosos invitados, incluido el propio rey Osiris. Hubo comida, vino y un regalo bastante peculiar: un ataúd (a veces escrito como cofre) fabricado con los materiales de mejor calidad de toda la tierra.

Un ataúd así permitiría, sin duda, un cómodo viaje al más allá, y casi todos los invitados al banquete lo codiciaban. Su deseo de poseer el ataúd aumentó cuando Seth anunció que el ataúd era un premio que se podía ganar.

El desafío era sencillo. Había que meterse en el ataúd y tumbarse dentro. Quien cupiera perfectamente en el ataúd podría quedárselo. Los invitados de Seth saltaron de sus asientos para tener la oportunidad de ganarlo. Un buen número de ellos intentó entrar en el ataúd, pero ninguno cabía. Invitado tras invitado, todos lo intentaron y todos fracasaron. Esto se debía a que en las dimensiones del ataúd no cabía nadie más en Egipto, salvo uno: El mismísimo rey Osiris.

Entusiasmado por participar en el juego, el rey entró en el ataúd y se tumbó en su interior. Era una combinación tan perfecta que los invitados se preguntaron si se había hecho expresamente para el rey. En el tiempo que tardaron en explorar sus curiosidades, Seth entró en acción, cerrando de golpe el ataúd y recubriéndolo de plomo.

La realidad del malvado plan de Seth se desplegó como un pergamino ante el pueblo. El ataúd había sido hecho para el rey. Todo era una trampa fatal.

Seth ordenó que el ataúd fuera arrojado a las profundidades del río Nilo, sentenciando a su hermano a una muerte agonizante. El ataúd se sumergió en el Nilo y desapareció de la vista. Todo Egipto se vio obligado a seguir a un nuevo rey.

<u>Redención y venganza</u>

La pobre Isis se enteró de la tragedia que había sufrido su marido a manos de Seth. Consumida por el dolor, escapó del palacio y se dedicó a buscar el cuerpo del dios-rey por todo el río Nilo. Si lo encontraba, podría curarlo con sus poderes mágicos, o podría darle un funeral de rey si ya era demasiado tarde. El río Nilo era una vasta extensión de agua para buscar, así que la reina debió de estar mucho tiempo en ello. Algunas tradiciones dicen que se encontró con Anubis durante su viaje. Había sido abandonado por su madre, Neftis, y odiado por su padre, Seth, por ser hijo de Osiris. La reina Isis acogió a Anubis y lo crio como si fuera suyo.

Mientras tanto, Egipto había estallado en anarquía bajo el reinado de Seth. Todo el buen trabajo del rey Osiris casi se había deshecho, y el pueblo sufría como resultado. Ya no vivían vidas pacíficas y prósperas.

La resistencia de la reina dio sus frutos un día propicio. Isis recibió la noticia de que el ataúd había cruzado el Nilo a la deriva hasta una pequeña ciudad de Fenicia llamada Biblos. Resultó que el ataúd de Osiris había llegado a la orilla de Biblos. Un tamarisco creció a su alrededor, atrapando el ataúd en su tronco. Los poderes residuales del rey Osiris hicieron que este árbol de hoja caduca floreciera temporada tras temporada y que tuviera una fragancia inconfundible. Algunos relatos afirman que el árbol podía incluso brillar.

Al rey Malcandro de Biblos y a su esposa, la reina Astarté (o Ishtar), se les ocurrió que no se trataba de un tamarisco cualquiera. El rey ordenó que lo cortaran y mandó hacer una columna ornamental con él. Este pilar se erigió en su palacio para envidia de todos los que lo contemplaban.

En el palacio de Biblos había muchas damas de la corte que atendían a la familia real con sus habilidades para cuidar a los niños, asearlos y confeccionar telas y perfumes. Un día, una frágil anciana llegó a las puertas del palacio y suplicó una audiencia con la reina.

Los habitantes de Biblos desconocían que acababan de recibir a la diosa Isis, que se encontraba en una importante misión de rescate. Como parte del plan para salvar a Osiris, Isis (disfrazada) solicitó a la reina Astarté un trabajo en palacio. Si planeaba quedarse en Biblos, necesitaba el trabajo para estar cerca de su marido atrapado.

La reina de Biblos aceptó amablemente a Isis a su servicio y le confió el cuidado de su hijo. En agradecimiento, Isis decidió inmortalizar al joven príncipe. Se trataba de un proceso ritual mágico que consistía en bañar al bebé en fuego para quemar su mortalidad. Una Isis disfrazada comenzó el ritual esa noche, pero fue interrumpida por la madre del niño.

Astarté debió de horrorizarse al ver a la nodriza de su hijo bañándolo en fuego. Exigió una explicación. Fue en ese momento cuando Isis reveló su verdadera identidad. La reina de Biblos quedó fascinada al descubrir que albergaba a una diosa bajo su techo. Adoró a Isis, que le reveló sus verdaderas intenciones. Sin dudarlo, el rey y la reina de Biblos accedieron a la petición de Isis, y el ataúd fue retirado del interior del pilar.

Para entonces, Osiris estaba prácticamente muerto, pero su esposa no se dio por vencida. Regresó a Egipto y lo curó. Muchos relatos coinciden en que Horus el Joven, el hijo de Isis y Osiris, nació alrededor de esta época.

Seth, que gobernaba Egipto, se enteró de la noticia de la supervivencia de su hermano y no le hizo ninguna gracia. Su esposa Neftis había empezado a arrepentirse de su papel en la guerra entre sus hermanos, así como de su abandono de Anubis.

Seth ordenó el arresto y detención de Isis, y para su hermano Osiris, ordenó una segunda muerte. Plutarco sostiene que esto ocurrió en cuanto Isis pisó suelo egipcio con su convaleciente marido.

Isis escapó de la detención con la ayuda de Anubis, pero Osiris no tuvo tanta suerte. Seth se aprovechó de su debilidad y lo asesinó violentamente. Después, Seth desmembró el cadáver de Osiris en catorce pedazos y los dispersó, asegurándose de que cada pedazo estuviera muy lejos de otro. Semejante agresión era la retorcida forma que tenía Seth de asegurarse de que Osiris no volvería con vida.

Isis lloró la muerte inhumana de Osiris y partió con su hermana, Neftis, y Horus para encontrar y volver a ensamblar las partes mutiladas del cuerpo de Osiris. Su búsqueda fue un éxito, al menos en su mayor parte. Las hermanas pudieron recuperar todas las partes del cuerpo de Osiris excepto su pene. Seth lo había arrojado a las profundidades del río Nilo y los peces se lo habían comido. Algunas historias cuentan que Isis le fabricó uno nuevo de madera, mientras que otras dicen que utilizó la magia.

Con los poderes de Isis, Osiris volvió a la vida, pero ya no estaba completo. Esto lo incapacitó para reclamar su trono. En su lugar, se trasladó al inframundo, donde se convirtió en dios y juez de los muertos.

Ese no fue el final de los problemas de Isis. Seth seguía alborotado, buscando por todas partes a su hijo Horus. Seth quería acabar con su vida igual que había hecho con la de su padre.

Isis huyó a las marismas de Egipto con su hijo, y allí lo crió. Horus creció de niño a hombre, afilando su espada de venganza. Aprendió todo sobre hechizos y el arte de la guerra. Su archienemigo era el mismísimo dios de la guerra, y su madre lo educó para que no se dejara vencer.

Horus creció hasta convertirse en un poderoso guerrero y en el archienemigo de Seth. Egipto estaba al borde de la desolación bajo su cruel gobierno, y el empobrecido pueblo egipcio encontró en Horus un faro de esperanza. Le ofrecieron su apoyo y lo siguieron en masa cuando lideró el ataque contra el tirano Seth.

Seth fue apartado del trono de Egipto; algunos dicen que fue asesinado, mientras que otros creen que fue exiliado al mar Rojo. Se desconoce si alcanzó una nueva orilla o si continúa a la deriva sobre las olas. Lo más importante es que este relato termina con una resonante victoria del hijo de Osiris, cuyo reinado sería un bálsamo calmante para un Egipto herido.

# Capítulo 6 - El tiempo y el fin de los tiempos

Descubrir la medida del tiempo y su paso fue una gran hazaña para muchas civilizaciones antiguas, incluidos los antiguos egipcios.

Como se puede imaginar, en los imperios antiguo y medio no había relojes de pared, de pulsera ni de pie. Sin embargo, la gente necesitaba tener un registro del tiempo para saber cuál era la mejor manera de aplicarlo a la vida cotidiana. Solo el tiempo podía separar un día de otro día, una semana de otra semana y un año de otro año.

El dios del Sol Ra y su séquito hacían cada día viajes de ida y vuelta al inframundo en su carro o barca, y los antiguos egipcios se pusieron manos a la obra para buscar las respuestas del tiempo y el espacio. En la cronología de los descubrimientos, concuerda que los antiguos egipcios habían descifrado primero el «fin de los tiempos».

### El fin de los tiempos

El «fin de los tiempos» se utiliza para describir la etapa final de la cosmología: el fin del mundo tal y como lo conocemos. Se refiere a un acontecimiento en el que el mundo, los humanos y posiblemente los dioses dejan de existir. En el antiguo Egipto, era un momento en el que el mundo volvía a ser un vacío y era suplantado por lo que había existido en primer lugar: Nun.

Hay dos perspectivas en la antigua creencia egipcia del «fin de los tiempos». La primera perspectiva prevalecía cuando los dioses gobernaban la tierra como reyes. La segunda perspectiva remodeló ligeramente el sistema de creencias egipcio desde el imperio antiguo hasta después del imperio nuevo, cuando el cristianismo llegó a Egipto.

La primera perspectiva: Dioses y hombres

En comparación con otras civilizaciones antiguas, como Mesopotamia y Grecia, el antiguo sistema de creencias egipcio percibía inicialmente el fin del mundo como un error que había que evitar y no como una eventualidad.

¿Cómo?

Tomemos Grecia y Mesopotamia, por ejemplo. Ambas civilizaciones creían que habría una inundación, similar a la historia bíblica sobre Noé, en la que un diluvio destruyó la Tierra. En la mitología mesopotámica, cuando llegara el diluvio, los humanos tendrían que construir arcas —como hizo Noé en la Biblia— para salvarse. En el mito griego del diluvio, solo un hombre llamado Deucalión y su esposa sobrevivieron al diluvio escondiéndose en un cofre.

Estos mitos del diluvio se contaban en Grecia y Mesopotamia como sucesos inevitables y una especie de castigo ineludible para la humanidad. La perspectiva del antiguo Egipto sobre el fin del mundo (o el apocalipsis) no era inevitable.

Ya conocemos la rutina diaria del dios del Sol y lo importante que es para la preservación de Maat. También debe recordar que los egipcios de antaño desempeñaban un gran papel a la hora de dar a sus dioses la fuerza necesaria para desempeñar sus tareas divinas mediante las oraciones y el culto. Su mayor temor era que si ellos flaquearan, los dioses podrían debilitarse y desfallecer. La eventualidad de esto sería una alteración del orden natural, pero eso sería solo la punta de un iceberg desastroso. Si dioses como Ra perdieran alguna vez su fuerza y no tuvieran adoradores que los vigorizaran, podrían morir.

La muerte de los dioses significaría el fin del mundo, y el asesinato del dios-rey Osiris a manos de su hermano Seth estuvo a punto de producirse. El caos se apoderó de Egipto tras la muerte de Osiris, y de no ser por la resistencia de la reina Isis y la victoria de Horus el Joven, la destrucción de Maat habría sido completa. Maat también había sido sacudida hasta sus cimientos cuando Shu, el hijo de Ra, abandonó su trono en la Tierra y ascendió al cielo. Una violenta tormenta asoló el mundo durante nueve días, y ningún dios u hombre pudo disfrutar de un momento de claridad hasta que Geb fue entronizado.

Así pues, la preservación de Maat en el antiguo sistema de creencias egipcio era un esfuerzo conjunto de los dioses y los humanos que los adoraban. Mientras cada uno desempeñara su papel, el «fin de los tiempos» seguiría siendo una consecuencia evitable.

Desde otro punto de vista, en lugar de la destrucción a gran escala y la cosecha de almas, los egipcios percibían el predestinado «fin de los tiempos» como estrictamente individualista. Ningún ser humano podía escapar a la muerte y, una vez muerto, existía una vida después de la muerte en la que pasaría la eternidad.

En los Textos de las Pirámides y otros documentos antiguos, el fin del mundo se evocaba de una manera peculiar. Se consideraba una amenaza para los dioses. Esto es increíblemente irónico, teniendo en cuenta que los antiguos egipcios veneraban a sus dioses. Sin embargo, los egipcios eran conocidos por amenazar a los dioses con el caos si sus oraciones no eran escuchadas.

«Señor del horizonte, prepárame un lugar. Porque si no me preparas un lugar, lanzaré una maldición sobre mi padre Geb, y la tierra no hablará más, Geb será incapaz de protegerse, y a quien encuentre en mi camino, lo devoraré a pedazos».

Se pueden encontrar muchas variantes de este tipo de amenazas en los Textos de los sarcófagos (se puede encontrar más información sobre ellos en el capítulo 19), libros de hechizos y diarios médicos del imperio antiguo.

¿Lograron estas amenazas mover a los dioses a la acción? Sorprendentemente, sí. Los dioses querían que Maat se mantuviera tanto como los mortales. Consideraban tales «amenazas de adoración» como expresiones de fervientes plegarias, y respondían con rapidez a todos los que las evocaban. Este sigue siendo un aspecto fascinante del culto de los antiguos egipcios a los dioses.

La segunda perspectiva: Hombres

Esta saga se sitúa en el Egipto dinástico temprano.

Los dioses ya no gobernaban a los hombres, al menos no directamente. Seguían involucrados en los asuntos de la naturaleza y el orden. Los humanos seguían adorando a los dioses y veían en el faraón una luz que los guiaba y un mensajero de los dioses.

El primer faraón de un Egipto unido fue Menes (o Narmer, según algunos). Estableció la dinastía I en algún momento de la década de 3000

a. C. en el antiguo Egipto. Se lo conoce sobre todo por unificar el Alto y el Bajo Egipto bajo un solo gobernante. Esto hizo que Menes y los demás faraones posteriores fueran muy poderosos.

Sin embargo, a la larga esto resultó problemático. Con el gobierno de los faraones sobre un Egipto unido llegó una afluencia de profecías apocalípticas, cada una describiendo un muy dramático «fin de los tiempos». Estas profecías han sido criticadas por su carácter propagandístico, ya que normalmente proponían el reinado de un determinado faraón como la única forma de evitar el peligro que se avecinaba. Sin embargo, estas historias de un apocalipsis inminente cambiaron el sistema de creencias del antiguo Egipto, que en otro tiempo se había centrado en los dioses.

La primera fue la profecía de Neferti.

A mediados de la década de 2000 a. C., el faraón reinante, Seneferu, estableció la dinastía IV del antiguo Egipto. El reino del rey Seneferu era vasto y próspero, y se extendía hasta las tierras de Libia y Nubia (Sudán). También dirigía una enorme fuerza de trabajo y era rico en tierras y ganado.

Un día, el faraón Seneferu estaba muy animado y quiso que lo agasajara un excelente poeta lírico o sabio. Los hombres de la corte del rey recomendaron a un hombre llamado Neferti como el más adecuado para el puesto.

El rey confió en sus cortesanos e hizo que Neferti compareciera inmediatamente ante él. Tras rendir homenaje al faraón, Neferti presentó al rey dos tipos de historias: historias del pasado e historias del futuro.

Parecía que Neferti hacía honor a su reputación. Como Seneferu era el faraón de Egipto, no había nada del pasado que no conociera. Era un venerado custodio del conocimiento de los dioses y de la larga historia de Egipto. Pero no sabía nada del futuro.

Sin dudarlo, el rey Seneferu optó por escuchar historias del futuro. La historia de Neferti, como el rey estaba a punto de descubrir, era una profecía funesta.

> «Te muestro la tierra en agitación; lo que no debe ser ha sucedido. Los hombres se apoderarán de armas de guerra, la tierra vivirá alborotada. Los hombres fabricarán flechas de cobre, pedirán sangre por pan, se reirán a carcajadas de la angustia. Nadie llorará por la muerte, nadie se despertará ayunando por la muerte...

Ra se alejará de la humanidad: aunque se levantará a su hora, no se sabrá cuándo ha llegado el mediodía; nadie discernirá su sombra, ningún rostro se deslumbrará al verlo, ningún ojo se humedecerá con agua. Estará en el cielo como la luna, su curso nocturno sin cambios, sus rayos sobre el rostro como antes».

La primera parte de la profecía de Neferti describía disturbios políticos, guerra civil y anarquía social; esto no es suficiente para ser apocalíptico. Además, limitaba el desastre a Egipto como nación. Sin embargo, la segunda parte de la profecía, en la que se menciona a Ra, transformó el discurso de Neferti de una mera predicción a una profecía de caos cosmológico.

El rey Seneferu y sus cortesanos debieron de horrorizarse al oír que el Nilo se secaba o que Ra daba la espalda a la humanidad. Estos acontecimientos simbolizaban una era de maldad abrumadora y el fin de Maat, pero había una resolución: «Entonces vendrá un rey del sur, Ameny de nombre... Entonces el Orden volverá a su asiento, mientras el Caos es expulsado».

Resultó que ese rey del sur era Amenemhat I, que gobernaría Egipto ocho dinastías más tarde. Glorificar a un faraón como el portador de la paz a una tierra perturbada —e inadvertidamente al mundo entero— estableció aún más la supremacía de la monarquía egipcia.

Los dioses ya no eran el único centro de la creencia del pueblo en el «fin de los tiempos». Su salvación estaba ahora en manos de un hombre mortal. El mensaje apocalíptico de Neferti surgió en un momento en que los reyes de Egipto se habían posicionado mejor como mesías del pueblo. Como importantes intermediarios entre los dioses y el pueblo, los faraones eran venerados y se les ofrecían los mismos sacrificios que a los dioses.

A pesar de estar ambientado cientos de años antes, el documento recuperado que contiene la profecía de Neferti fue escrito en torno a la dinastía XII, durante el reinado del rey sobre el que se profetizaba. Conveniente, ¿no cree?

Esto ha dejado a los historiadores escépticos sobre la autenticidad de la profecía. Posiblemente fue una treta para justificar la supuesta usurpación del trono egipcio por Amenemhat al rey Mentuhotep IV, al que había servido como visir.

## El Libro de Asclepio: De vuelta a la divinidad

Entre los siglos I y III de nuestra era, el antiguo Egipto sufrió lo que algunos podrían considerar una invasión romana. Durante este periodo, el antiguo Egipto se convirtió en una provincia romana cuyas creencias políticas y religiosas se fusionaron con la mitología grecorromana. Esta fusión se conoce como sincretismo.

Por ejemplo, el dios griego Zeus se fusionó con el dios egipcio Amón, convirtiéndose en Zeus-Amón. Ra era el equivalente de Apolo, Afrodita era el equivalente de la reina Isis y el dios griego Hermes era el equivalente del dios egipcio Thot.

El sincretismo de Hermes y Thot creó un autor mítico llamado Hermes Trismegisto, y en el siglo IV de nuestra era se encontró en Egipto un texto apocalíptico sagrado escrito por esta figura legendaria. Formaba parte de un gran documento llamado *Corpus Hermeticum*, y la profecía que contenía se titulaba «Libro de Asclepio».

Esta profecía tenía un escalofriante tono melancólico:

> «Llegará un tiempo en que se verá que en vano los egipcios sirvieron a la deidad con piedad y asiduo servicio, y todo su culto sagrado resultará infructuoso y sin provecho. Porque la deidad se retirará de la tierra al cielo, y Egipto será abandonado; y la tierra que fue el hogar de la religión quedará desolada, privada de la presencia de sus dioses. Los extranjeros llenarán este país, y no solo se descuidarán las observancias, sino que, lo que será aún más terrible, se hará obligatorio mediante supuestas leyes, bajo pena de castigos prescritos, abstenerse de toda práctica religiosa, de todo acto de piedad hacia los dioses. Esta tierra santísima, país de santuarios y templos, se cubrirá de sepulcros y cadáveres».

Este apocalipsis, por terrible que fuera, termina con un mensaje de esperanza y renacimiento orquestado por los dioses. Esta profecía fue dada por el dios Thot a Asclepio, un semidiós de la mitología grecorromana, y fue documentada por Hermes Trismegisto. Era un triple mensaje de predestinación y, a diferencia de la profecía de Neferti, resonaba con la realidad de la época. Egipto se hallaba bajo la subyugación romana tras una época desgarrada por la guerra y, según la profecía, se avecinaban más turbulencias para que el mundo fuera purificado. Lo más significativo de todo es que la salvación del mundo no estaba en manos de ningún hombre, sino de un ser divino al que no se podía sobornar ni controlar.

Aún se discute si Hermes Trismegisto, el aclamado autor de esta profecía apocalíptica, existió realmente. Sin embargo, fue una figura influyente en la mitología grecorromana y egipcia como mecenas de la escritura.

## La lectura del tiempo

Hace mucho tiempo, no había despertadores ni relojes de pulsera de moda para saber la hora. Esas tecnologías no se descubrirían hasta miles de años después. Aun así, la gente tenía que averiguar qué hora del día era o en qué estación era mejor hacer esto o aquello.

El antiguo Egipto tuvo una de las civilizaciones más ricas de su época, de eso no hay duda. Y a los egipcios se les atribuyen algunas de las primeras innovaciones para saber la hora. Esto fue posible porque creían en el viaje del dios Sol para separar el día de la noche. Ya en el año 3500 a. C., los egipcios habían desarrollado un calendario lunar único que tenía treinta días en doce meses: un total de 360 días.

En lugar de verano, primavera, invierno u otoño, las estaciones del antiguo Egipto se denominaban Ajet, Peret y Shemu.

### Ajet: La inundación del Nilo

Ajet también era conocida como la «estación de la inundación» o la «estación del diluvio». Se cree que era la primera estación del año y que tenía cuatro meses: *Thout*, llamado así por el antiguo dios egipcio de la sabiduría y la ciencia; *Paopi*, llamado así por un famoso festival celebrado ese mes en honor a Ra; *Hathor*, llamado así por la antigua diosa egipcia del cielo; y *Koiak*, llamado así por un toro sagrado en el antiguo Egipto.

La estación de Ajet marcaba la trascendental crecida del río Nilo. Dado que el río Nilo era la principal fuente de abastecimiento de agua de Egipto, cada vez que las aguas se desbordaban, las tierras recuperaban su fertilidad. Como seguramente habrá notado, el río Nilo era la pieza central del antiguo calendario egipcio en su totalidad. La división del tiempo en días, meses y años fue una innovación resultante de la observación minuciosa de los patrones del Nilo. Ajet traía abundante agua al Nilo, más que ninguna otra época del año, y marcaba el comienzo de una nueva temporada agrícola.

Ajet también marcaba coloridas festividades religiosas en honor del dios del Sol Ra y la diosa Hathor. Durante el imperio nuevo, los rituales y festivales en honor de Osiris, Isis y Neftis se popularizaron en el mes de *Koiak*.

El equivalente de la estación de Ajet en los calendarios actuales cae entre septiembre y enero.

## Peret: La época de la siembra

Tras cuatro meses de enriquecer los suelos de Egipto, el río Nilo se retiraba, dejando la tierra madura para la siembra. Los antiguos egipcios llamaban a esta estación Peret o «estación de la emergencia». La palabra «emergencia» se refiere a las tierras a lo largo del río Nilo, que resurgían después de haber sido inundadas con agua durante la estación de Ajet.

Peret también tenía cuatro meses (aproximadamente entre enero y mayo), lo que daba a los agricultores tiempo suficiente para arar sus tierras y plantar sus semillas. El primer mes de Peret (o quinto mes del año) era *Tobi*, llamado así por una de las muchas formas del dios Ra. El siguiente era *Meshir*, llamado así por el antiguo dios egipcio del viento. Luego venía *Paremhat*, que debe su nombre a un faraón que reinó en el siglo XVI a. C. Y el último mes de la estación, *Pharmouthi* o *Paremoude*, recibió su nombre en deferencia a la antigua diosa egipcia de la nutrición y la cosecha, Renenutet.

Dado que los antiguos egipcios estaban ocupados cultivando sus tierras, no es de extrañar que no se celebraran festivales ni rituales elaborados durante la estación del Peret. En su lugar, ofrecían plegarias a Min y Renenutet, el dios y la diosa de la cosecha, para que bendijesen sus tierras y les trajesen una cosecha abundante en la próxima estación.

## Shemu: Una cosecha abundante

La época de la cosecha era la más esperada del año en el antiguo Egipto. El río Nilo en ese momento estaba en su punto más bajo, y los nuevos cultivos que brotaban de la tierra estaban listos para ser cosechados en la temporada de Shemu, también conocida como la «estación de cosecha». Habría alimentos frescos en Egipto, una recompensa por muchos meses de trabajo.

La estación de Shemu era también la más seca; sería el equivalente al verano (de mayo a septiembre), con cuatro meses marcando el final del año. El primer mes de la estación (y el noveno del año) era *Pashons*, un derivado del dios de la luna e hijo de Ra, Khonsu. Después venía *Paoni*, que recibía su nombre del festival de los muertos (el Festival del Valle), que se celebraba durante el mes. El mes siguiente era *Epip*, y después *Mesori*, que celebraba el final de la temporada de cosecha y el Año Nuevo.

Las festividades de fin de año se celebraban en honor de Ra, y el trigésimo día de *Mesori* era una fiesta especial en el antiguo Egipto. Era el último día del año, y se planeaban una serie de acontecimientos intrigantes. En primer lugar, todos los artesanos reales (escultores, carpinteros, pintores, herreros, constructores y escribas que vivían en palacio) podían tomarse el día libre. Se unían a la gente del pueblo para celebrar ritos sagrados. Todos los templos de Egipto se fortificaban con hechizos y antorchas para alejar el mal mientras el pueblo celebraba. Si había que coronar a algún nuevo faraón, esta era la época para hacerlo, y todos los faraones en ejercicio recibían regalos de buena voluntad de sus sirvientes.

Con la llegada del Año Nuevo, las calles de Egipto se iluminaban e intercambiaban regalos de buena fe. Tras haber cosechado y almacenado suficientes alimentos en la estación de Shemu, los habitantes del antiguo Egipto no tendrían que preocuparse por su supervivencia durante la próxima estación de Ajet, cuando el Nilo volvería a desbordarse.

<u>Relojes de sol, relojes de sombra y merjets</u>

Lo más importante de todas las estaciones del antiguo Egipto era la preeminencia del dios Sol. Cada estación tenía un mes que llevaba su nombre o el de una de sus formas. El sol, como el río Nilo, marcaba los tiempos y las estaciones. Los antiguos egipcios se adelantaron a su tiempo; crearon el primer calendario solar conocido. Descubrieron la importancia del sol y su patrón cíclico, y lo aplicaron en la invención del calendario solar.

Y lo que es más notable, los antiguos egipcios fueron capaces de utilizar el sol para decir las horas del día con uno de sus inventos. El primer dispositivo para medir el tiempo fue el obelisco, un monumento tallado en piedra con una parte superior puntiaguda y cuatro esquinas. Los obeliscos se erigían estratégicamente y su altura era lo suficientemente precisa como para reflejar el movimiento del sol. La sombra proyectada por el sol contra un lado del obelisco representaba la mañana o el mediodía.

Aunque los obeliscos eran de gran utilidad para los egipcios de hace más de cinco mil años, había un pequeño problema: no eran móviles. No se podían mover, lo que significaba que la gente tendría que caminar kilómetros hasta el obelisco más cercano para poder saber la hora.

Simplemente no serviría.

Así que los egipcios volvieron a ser creativos. El invento ideal tenía que ser portátil para que la gente pudiera saber la hora dondequiera que fuera. Un día, alrededor del año 1500 a. C., la tecnología de las sombras para dar la hora experimentó una enorme mejora. Alguien inventó el reloj de sol.

**El reloj de sol egipcio**
*Rudolphous, CC BY-SA 4.0 https://creativecommons.org/licenses/by-sa/4.0 vía Wikimedia Commons; https://commons.wikimedia.org/wiki/File:Leiden_-_Rijksmuseum_van_Oudheden_-_Egyptian_antiquities_-_Ancient_Egyptian_sundial.jpg*

El reloj de sol era un intrigante artefacto que consistía en una placa plana llamada esfera y algo llamado gnomon. El gnomon tenía forma triangular y sobresalía de la esfera. Su función era similar a la de las manecillas de un reloj, ya que trazaba el movimiento del Sol a través del cielo. Cada movimiento proyectaba una sombra sobre la esfera, que avanzaba lentamente alrededor del plato. Esto permitía saber las horas del día, pero ¿qué ocurría cuando el sol se ponía?

Se utilizaban merjets. El merjet leía el recorrido de las estrellas por la noche, y solía estar hecho de madera o hueso. Los antiguos egipcios lo utilizaban para seguir el movimiento de diez estrellas a través del meridiano. Cada estrella representaba una hora de la noche, totalizando diez horas para la noche y una hora para la salida del sol. El día tenía doce horas y una hora para la puesta del sol, con lo que el total era de veinticuatro horas.

# Capítulo 7 - El loto de oro

Otro mito apasionante que nos llega del antiguo Egipto es el del Loto de Oro.

Casi todas las tumbas y templos descubiertos en el antiguo Egipto tenían tallas y representaciones de la flor de loto; de hecho, el loto se considera hoy la flor nacional de Egipto.

El loto simbolizaba la curación, la creación y el renacimiento espiritual. Se inspiraba en cómo los lotos florecían a la luz del sol y cerraban sus pétalos para sumergirse bajo el agua por la noche. A la mañana siguiente, los lotos resurgían en la superficie del agua, abriendo sus pétalos para anunciar el sol (o «renacer»). Los lotos solo se encontraban en estanques y lagos, y su aspecto era tan bello como su olor.

En Egipto, los lotos azules adornaban el Nilo y eran famosos en todo el país por su belleza y rejuvenecimiento.

Según el mito de la creación de Menfis, el dios Nefertum surgió como una flor de loto cuando su padre, Ptah, creó el mundo. Nefertum es representado como un hermoso joven con una flor de loto en la cabeza, y era venerado como el Protector de las Dos Tierras (Alto y Bajo Egipto).

En los funerales del antiguo Egipto, el aceite extraído de las flores de loto se utilizaba como ingrediente para momificar al difunto y neutralizar el hedor de la descomposición. En el arte egipcio, hay muchas representaciones de dioses y diosas que sostienen lotos en las narices de faraones y reinas de Egipto, simbolizando su renacimiento en la otra vida.

Conociendo el significado de estas hermosas flores, se puede apreciar mejor el mito del Loto de Oro. Esta historia se sitúa durante el reinado de Seneferu (también escrito como Sneferu, el mismo rey que recibió la profecía de Neferti). Seneferu también es famoso por sus avances en la arquitectura del antiguo Egipto. Este legado fue continuado por su hijo, Keops, que construyó la Gran Pirámide de Guiza, una de las Siete Maravillas del Mundo Antiguo.

El mito egipcio del Loto de Oro también tiene su origen en la antigua ciudad de Menfis, y comienza con el rey sintiéndose un día bastante aburrido. Todo iba bien durante su reinado. No había guerras civiles ni agresiones extranjeras. El rey paseaba por su majestuoso palacio, anhelando algún tipo de entretenimiento. En el antiguo Egipto no había películas ni cines, pero sí música, baile y magia.

El rey Seneferu pensó en su mago jefe, un hombre formidable llamado Djadjaemankh. Si invitaba a Djadjaemankh a su palacio, el hombre podría realizar trucos de magia que le levantarían el ánimo. Inmediatamente, ordenó que trajeran al mago jefe ante él.

Djadjaemankh fue llamado desde su residencia, la Casa de la Sabiduría. Al presentarse ante el rey, el jefe de los magos adoró a Seneferu y le preguntó en qué podía servirle. El rey expresó su deseo de ser agasajado con un espectáculo privado de magia, ya que todas las demás formas de entretenimiento se habían convertido en un aburrimiento.

Djadjaemankh, sin embargo, tenía en mente algo más extravagante. En lugar de un espectáculo de magia en palacio, pidió al rey que diera un paseo en barca por el río Nilo con la promesa de algo maravilloso.

El faraón no vio nada de entretenido en un paseo en barca, ya que había hecho montones de ellos con tanto tiempo libre. Djadjaemankh introdujo entonces una nueva dinámica. En lugar de los remeros habituales, el rey debía llevar consigo a veinte hermosas vírgenes como remeras para el viaje. Estas mujeres debían tener el pelo largo y suelto.

Esto despertó la fascinación del rey Seneferu, que encargó a Djadjaemankh la preparación del viaje en barca. El mago se aseguró de que solo las mujeres más bellas fueran seleccionadas. Sus remos se fabricaron con el mejor ébano y se recubrieron de oro.

La mejor embarcación real del rey Seneferu se dirigió al río Nilo y las mujeres, vestidas con ropajes de oro, tomaron posiciones para iniciar el viaje. Desde su pabellón real en la embarcación, el rey se deleitó con la vista del centellante Nilo y las hermosas mujeres de las que estaba rodeado. Todas llevaban adornos, como joyas y horquillas de oro puro, regalos del propio rey.

Mientras la magnífica barca real avanzaba por el río aparentemente interminable, la remera que iba en cabeza de un lado de la barca soltó accidentalmente el loto de oro que sujetaba su pelo. El loto dorado resbaló hacia el río y quedó sumergido en un santiamén.

Angustiada, la remadora dejó de remar, suspendiendo el viaje de recreo del faraón. El rey Seneferu se interesó por el incidente y la mujer le contó su situación. Había perdido un valioso regalo y quería recuperarlo.

El faraón, magnánimo, suplicó a la mujer que se tranquilizara y continuara el viaje. También le prometió que le devolvería el loto de oro perdido, pero la mujer se negó. Quería recuperar su antiguo loto y no seguiría adelante sin él.

Solo un hombre podía traer de vuelta un loto sumergido, y era el hombre que había sugerido el viaje en primer lugar. El faraón ordenó que trajeran ante él al mago jefe en el barco y le transmitió su dilema:

> «Zazamankh [Djadjaemankh], amigo y hermano mío, he hecho lo que me aconsejaste. Mi regio corazón se siente reconfortado y mis ojos se deleitan al ver a estas encantadoras remeras inclinadas a su tarea. Mientras subimos y bajamos por las aguas del lago, y ellas me cantan, mientras en la orilla veo los árboles y las flores y los pájaros, me parece estar navegando hacia los días dorados, ya sean aquellos de antaño cuando Re reinaba en la tierra, o aquellos que vendrán cuando el buen dios Osiris regrese de la Duat.
>
> Pero ahora un loto de oro ha caído de los cabellos de una de estas doncellas, al fondo del lago. Y ella ha dejado de cantar y las remeras de su lado no pueden mantener el tiempo con sus remos. Y no se la consuela con promesas de otros regalos, sino que llora por su loto dorado. Zazamankh, deseo devolver el loto de oro a la pequeña aquí presente, y ver cómo la alegría vuelve a sus ojos».

Esta fue la señal de Djadjaemankh para realizar un acto glorioso. Aseguró al rey y a todos los que estaban en el barco que el loto sería recuperado. El mago se dirigió a la parte trasera de la embarcación y miró hacia las vastas aguas, sosteniendo su varita mágica. Tras un recital de hechizos y conjuros, Djadjaemankh extendió la varita sobre el agua, y un sonido agitado sacudió las corrientes.

Lentamente, las aguas cedieron «como si le hubieran cortado un trozo con una gran espada». El lago se había dividido en dos mitades, y la parte cortada se montaba a cada lado para formar altos acantilados de agua.

Nadie en el barco podía creer lo que veían sus ojos.

Con Djadjaemankh a la cabeza, la barca real se sumergió en las profundidades abiertas del lago y derivó hasta el fondo, donde estaba tan seca como la tierra. No tardaron mucho en divisar el loto dorado, y la mujer que lo había perdido lo recuperó rápidamente, rebosante de alegría.

Djadjaemankh hizo levitar la barca del rey hasta la superficie y devolvió el trozo recortado del lago a su lugar, cerrando las aguas. El faraón estaba más que impresionado por semejante espectáculo de lo sobrenatural. Aplaudió a Djadjaemankh con las palabras más nobles que jamás había dirigido a un criado: «Zazamankh [Djadjaemankh], hermano mío, ¡eres el más grande y sabio de los magos! Hoy me has mostrado maravillas y delicias, y tu recompensa será todo lo que desees, y un lugar junto al mío en Egipto».

El rey había tenido suficiente entretenimiento para todo el día —y posiblemente para toda la vida—, así que el barco real zarpó hacia el palacio con canciones sobre las maravillosas hazañas de Djadjaemankh. La historia del loto de oro estaba en boca de todos los que la habían presenciado.

Un tema destacado de este famoso mito egipcio es la restauración y la curación. El loto dorado de esta historia simboliza todo lo valioso: la salud, la riqueza y la vida misma. El mito también gira en torno a la esperanza y las segundas oportunidades, posiblemente aludiendo a la vida después de la muerte. La bondad del faraón y la de Djadjaemankh ilustran la bondad de los dioses hacia todo creyente que solicite su ayuda con fervor.

El mito del Loto de Oro también se parece a la historia bíblica de Moisés abriendo el mar Rojo durante el éxodo de los hebreos de Egipto. Ambas historias son paralelas, pero tienen en común la fe en lo sobrenatural y la recompensa de la intervención divina.

# Capítulo 8 - La princesa griega

Los precedentes del mito de la princesa griega nos llevan mucho más allá de las costas del antiguo Egipto, hasta una tierra extranjera de Grecia llamada Esparta. Era una de las naciones griegas más poderosas de la antigüedad, y el rey espartano Tindáreo y su esposa Leda tenían una hermosa hija llamada Helena.

En la mitología griega, Helena era hija de Zeus (igual al dios del Sol egipcio Ra), y su belleza no tenía rival. La belleza de Helena había atraído al palacio del rey Tindáreo a un buen número de solteros codiciados, poniéndolo en el dilema de a quién elegir. Finalmente, el novio de Helena fue elegido entre los pretendientes, y Helena de Esparta se casó.

Nuestra historia se centra en el antiguo Egipto, durante el caótico reinado del faraón Seti II, hijo de Merneptah y nieto del faraón más poderoso del imperio nuevo, Ramsés II.

El faraón Seti II se vio envuelto en tramas para entronizar a su hermanastro Amenmesse como rey de las principales ciudades del Alto Egipto. Egipto había sido unificado casi dos mil años antes por el rey Menes, por lo que no había razón para que dos reyes gobernaran la tierra, a menos que se tratara de un motín.

<u>Un grupo de extraños</u>

Mientras el rey repelía a las fuerzas que amenazaban con una partición de su reino, un extraño barco atracó en la orilla oriental del río Nilo, el Canopus. El barco acababa de capear una violenta tormenta procedente del norte y se había desviado de su curso.

Los hombres del barco habían encontrado por fin refugio en suelo egipcio tras muchos días en el mar, y en el horizonte se alzaba el gran templo de Herishef, dios de las riberas. Herishef era también el dios que protegía a los forasteros y liberaba a los esclavos de su cautiverio si se inclinaban ante él.

El guardián egipcio encargado de las orillas de Canopus era un hombre llamado Thonis, y cuando supo que unos forasteros habían atracado en su jurisdicción, preguntó quiénes eran y de dónde venían.

Efectivamente, eran marineros de Grecia, nación que dominaba el mar Egeo. Por eso los egipcios llamaban a los griegos «el pueblo del mar». No solo eran extranjeros, sino que el barco pertenecía a un miembro de la realeza troyana que había viajado con su esposa griega.

Fascinado por su descubrimiento, Thonis se dirigió al templo de Herishef, donde los marineros habían buscado refugio y deseaban convertirse al servicio de Herishef, ganando así su libertad de la servidumbre al príncipe troyano. Su decisión le pareció extraña a Thonis, que pensó que querrían volver a casa por encima de cualquier otra cosa.

La sospecha pronto sustituyó a la curiosidad, y Thonis indagó más en el asunto. Los marineros confesaron que temían el castigo de sus propios dioses y querían protegerse de las consecuencias de embarcarse con un hombre maldito.

El misterio se fue desvelando poco a poco y Thonis se enteró de que el príncipe troyano había robado a la esposa de uno de los reyes de Grecia, un acto muy innoble castigado con la ira de los dioses. El príncipe había sido recibido en el palacio del rey griego como invitado diplomático y, sin embargo, pagó con maldad, llevándose a la esposa de su anfitrión.

Consternado por las acciones del príncipe griego, Thonis se apoderó del barco y viajó al palacio del faraón en busca de la sabiduría del rey. Antes de partir, Thonis separó a la princesa griega del príncipe troyano y la escoltó hasta el templo de Hathor, la diosa del cielo, por su seguridad.

El faraón Seti II concedió audiencia a Thonis e inmediatamente ordenó que el príncipe troyano fuera escoltado hasta su presencia con sus hombres convertidos.

<u>Dos mentiras y una verdad</u>

El príncipe troyano era un hombre apuesto que hablaba y actuaba como la realeza. Se presentó como el príncipe Paris, hijo del rey Príamo de Troya. También reveló la identidad de la princesa griega como

Helena, la hija de Zeus y su nueva esposa. Según el príncipe Paris, había viajado a Esparta por la mano de Helena, que había ganado limpiamente, y estaba de regreso a Troya cuando la tormenta desvió su barco.

Los marineros conversos presentes en la sala murmuraban entre sí, atrayendo la atención del faraón. Seti II les dio espacio para decir su verdad al respecto, recordándoles la libertad que les había concedido el dios Herishef para hablar libremente.

Sin embargo, los marineros dudaron. El príncipe de Troya estaba en la sala con ellos, e independientemente de su nueva condición de hombres libres, no querían ir en contra de su palabra.

El faraón Seti II se dio cuenta de su tensión y les prometió su protección si decían la verdad. Los marineros hablaron y apreciaron la belleza de la princesa.

En efecto, el príncipe de Troya había sido huésped de Esparta, pero no había ido a Esparta por Helena. De hecho, el príncipe no se encontraba entre los solteros que habían pedido su mano al rey Tindáreo. Además, el rey había dado la mano de Helena al príncipe Menelao de Micenas, no al príncipe troyano Paris, y su boda con Menelao había tenido lugar muchos años antes. El marinero declaró que el príncipe troyano llegó a las puertas de Esparta como embajador en misión diplomática.

Al parecer, el príncipe troyano permaneció en Esparta durante los días siguientes. Al final, Menelao se vio obligado a abandonar la ciudad por unos asuntos de estado. Cuando se marchó, Paris se llevó a Helena por la fuerza, junto con muchos tesoros, y zarpó, pero fue sorprendido por una tormenta enviada por los dioses enfurecidos. Su barco fue arrastrado por una violenta tempestad hasta las costas de Egipto.

El príncipe Paris negó rotundamente haber obligado a Helena a abandonar a su marido y su hogar, pero los marineros insistieron en que decían la verdad. No había razón para que un miembro de la realeza dijera mentiras, pero los marineros parecían igualmente convincentes.

El faraón, sin embargo, observó variaciones en la historia del príncipe troyano. Primero había afirmado que había ganado la mano de Helena, pero tras el testimonio de los marineros, afirmó que ella había escapado con él por su propia voluntad de un matrimonio sin amor con el rey Menelao.

¿Qué versión era cierta?

De boca del caballo

Atrapado en su propia red de incoherencias, el príncipe ya no podía hablar. Solo una persona podía decir la verdad: la princesa griega Helena. Estaba a salvo en el templo de Hathor.

El faraón Seti II ofreció al príncipe Paris alojamiento en la casa real y puso a su visir, Paraemheb, a cargo del bienestar del príncipe troyano. Mientras tanto, visitaría a la princesa griega alojada en el templo y averiguaría la verdad.

Con su sacerdote principal y un escriba de confianza, el rey de Egipto honró el templo de Hathor con su presencia y vio a Helena por primera vez. Era la mujer más bella del mundo. Pudo comprobar fácilmente que era hija de Zeus.

**Helena de Troya por Evelyn De Morgan**
*https://commons.wikimedia.org/wiki/File:Helen_of_Troy.jpg*

Durante su conversación privada, la princesa Helena contó su historia. Contrariamente a lo que contaba el príncipe troyano, había estado felizmente casada con Menelao, príncipe de Micenas en Grecia. Incluso había tenido dos hijos, Hermione y Nicóstrato. En efecto, el príncipe Paris la había obligado a marcharse con él tras seducirla tomando la forma de su marido, Menelao.

El relato de Helena confirmó la versión de los marineros, y la princesa griega suplicó al faraón que la salvara de su captor, ya que no sentía ningún afecto por él. Era él quien estaba obsesionado con ella y la había secuestrado de su hogar.

Menelao había sido el pretendiente elegido por el padre de Helena, el rey Tindáreo. El príncipe de Troya ni siquiera figuraba entre los hombres que habían pedido la mano de la princesa griega; tampoco ganó su mano limpiamente como había dicho.

El faraón se entristeció al enterarse del calvario de Helena, y prometió enviar lejos al príncipe troyano para que no la molestara más. Había sido voluntad de los dioses interceptar al raptor de Helena y enviar el barco a las costas de Egipto. De inmediato, el faraón avisó al príncipe Paris y lo instó a zarpar de Egipto al amanecer. Se había demostrado que las palabras de Paris eran mentira, pero como era de la realeza, el faraón ofreció al príncipe Paris la oportunidad de marcharse voluntariamente.

El príncipe troyano se sintió infeliz al conocer la resolución del faraón. Juró que volvería a por Helena, ya que era su legítima esposa. Mientras tanto, la noche anterior a su partida, el templo de Hathor (donde estaba alojada Helena) recibió una visita divina: un mensajero del dios del Sol Ra.

Su nombre era Thot.

<u>La revelación</u>

Thot se apareció a Tausert, princesa de Egipto y suma sacerdotisa de la diosa Hathor que vivía en el templo. Tausert se sintió tan abrumada por la presencia del mensajero de Ra que cayó de rodillas. Lo oyó hablar:

> «Vengo aquí para cumplir la voluntad del altísimo dios Amón-Re [Ra], padre de todos nosotros, y por orden suya tú, que un día serás reina de Egipto, debes enterarte de todo lo que ocurra esta noche para que puedas dar testimonio de ello en los días venideros, cuando ese rey de la Acaya [Grecia] que es el verdadero esposo de Helena venga a conducirla a casa...

Pero esta noche yo, a quien los aqueos [griegos] llaman Hermes el Tres Veces Grande, debo sacar el Ka, el doble de Helena, la fantasmal semejanza de ella que engañará a todos los ojos, y parecerá a Paris y a todos en Troya que no es otra que la mujer real. Por el Ka de Helena y no por Helena misma se librará la gran guerra de Troya y se cumplirá la voluntad del padre de los dioses y de los hombres».

La guerra llegaba a Grecia, una guerra que sería contada y recontada a través de los siglos. Una guerra histórica que terminaría con la victoria de los griegos y una aplastante derrota de la ciudad de Troya, patria del príncipe Paris. Lo más significativo es que la guerra se libraría a causa de Helena, o más bien de su clon.

Este secreto, que le fue revelado a Tausert, suma sacerdotisa de Hathor, no estaba destinado a ser escuchado por cualquiera. Tausert juró llevarse el secreto a la tumba, y Thot se puso manos a la obra para diseñar el clon perfecto de la princesa griega.

El príncipe troyano se disponía a zarpar hacia el Nilo cuando apareció el clon de Helena. Sin que él lo supiera, la verdadera Helena seguía en el templo de Hathor. El príncipe Paris, entusiasmado por haber recuperado a su esposa, se apresuró a salir de Egipto antes de que el faraón cambiara de opinión.

Los días se convirtieron en meses, y fieles a la palabra del mensajero de Ra, los griegos marcharon a la guerra contra Troya debido a las acciones del príncipe Paris. Fue un gran insulto para Menelao que su esposa hubiera sido robada por un invitado, y tras fracasar los intentos diplomáticos de resolver el conflicto, las puertas de Troya fueron sitiadas.

Menelao contó con la ayuda de su hermano mayor, el rey Agamenón de Micenas, para su ofensiva contra Troya. A ellos se unieron el famoso héroe de guerra Aquiles, el sabio Odiseo y otros grandes soldados, como Áyax y Nestor. Más de mil barcos de guerra de toda Grecia surcaron el vasto Egeo para enfrentarse a Troya y llevar de vuelta a Helena.

Era tal y como Thot le había dicho a Tausert aquella noche en el templo.

Los troyanos eran un enemigo formidable, y su pueblo estaba a salvo tras las altas murallas de su ciudad. Durante una década, la guerra continuaría, aparentemente sin final a la vista, todo por un mero clon de la princesa griega.

De época en época

De vuelta en Egipto, el pueblo ignoraba cómo Helena había llegado a residir en el templo de Hathor. Pero debido a su belleza y al misterio que encerraba su existencia en Egipto, la gente pensó que era una manifestación humana de la diosa Hathor.

Por todo Menfis y todo Egipto se extendió la noticia de que Hathor había tomado la forma de una hermosa mujer y había descendido al templo para vivir entre los mortales. El pueblo de Egipto acudió en masa a ver a Helena, a la que se referían como Hathor.

El faraón Seti II, que había acogido amablemente a la princesa griega en su reino, falleció pronto, y los dos faraones que vinieron después reinaron durante breves periodos.

El faraón Sethnajt, tercero después de Seti II, fue el primer faraón de la dinastía XX. Al igual que Seti II, fue amable con la princesa griega, que no había envejecido ni un solo día con el paso de los años. Desgraciadamente, Sethnajt reinó apenas tres años, tras los cuales fue entronizado su incondicional hijo, Ramsés III.

Ramsés III era diferente de los demás faraones que habían gobernado desde la llegada circunstancial de Helena a Egipto. Habían pasado casi veinte años y, sin embargo, su belleza era inmutable. Ramsés III apenas vio a Helena y la quiso para sí.

A pesar de las súplicas de la reina Tausert para que dejara de desear a la esposa de otro hombre, Ramsés III no se inmutó en su lujuria por ella. Tausert, que había sido la gran sacerdotisa de Hathor desde la llegada de Helena, temía que el deseo del faraón fuera una receta para el desastre.

Tausert rezó fervientemente a Hathor en busca de una solución, y un día, la respuesta a sus plegarias atracó en las costas de Canopus, cerca del templo.

El reencuentro

Helen salió corriendo de su residencia cuando se enteró de la noticia.

Rezó a Hathor para que fuera verdad; había esperado tanto tiempo. Un hombre estaba de pie en la entrada del templo, con una sonrisa cansada pero feliz: Menelao.

La alegría de la princesa griega por reencontrarse con su marido era incontenible. Menelao la tomó en sus brazos, embelesado y lleno de historias que contar a su esposa.

Después de tantos años de guerra contra Troya, los griegos se dieron cuenta de que no podían destruir a los troyanos desde el exterior. Sus mejores soldados, incluso el poderoso Aquiles, habían muerto en la guerra, y los griegos estaban angustiados. Así que idearon un astuto complot para penetrar las murallas de Troya.

A instancias de Odiseo, uno de los hombres más sabios del bando de Menelao, construyeron un gran caballo de madera, lo colocaron en las orillas de Troya y desaparecieron sin dejar rastro. Los troyanos salieron de su fortaleza y se preguntaron qué era aquello del caballo. Los griegos les habían dejado un mensaje en el que decían que se habían rendido y regresado a su patria, ya que la ciudad de Troya era impenetrable. Se habían cansado de la guerra. El gigantesco caballo de madera era su símbolo de rendición.

Los troyanos desconfiaron al principio, pero al no ver ningún soldado griego ni barco a la vista en kilómetros, sus dudas se desvanecieron. Hicieron rodar el gran caballo de madera hasta la ciudad, y el rey Príamo de Troya organizó una elaborada fiesta para celebrar su victoria sobre los griegos.

Sin que los troyanos lo supieran, había cientos de soldados griegos escondidos en el interior del caballo que acababan de entrar en la ciudad. Tras una larga noche de bebida y juerga, los troyanos se durmieron. Mientras roncaban y dormían, los griegos salieron de su escondite y abrieron las puertas de la ciudad al resto de sus tropas. Troya fue saqueada sin piedad y Menelao recuperó a su esposa (el clon de Helena).

**El Caballo de Troya**

*Adam Jones de Kelowna, BC, Canadá, CC BY-SA 2.0 https://creativecommons.org/licenses/by-sa/2.0 vía Wikimedia Commons; https://commons.wikimedia.org/wiki/File:Replica_of_Trojan_Horse_-_Canakkale_Waterfront_-_Dardanelles_-_Turkey_(5747677790).jpg*

Menelao continuó con su historia, contándole a Helena que estaba de camino a casa desde Troya con Helena (el clon) cuando una implacable tormenta hizo naufragar su barco. El clon de Helena había desaparecido en el proceso, y Menelao pensó que su esposa había muerto.

Se derrumbó de dolor y estuvo a punto de suicidarse cuando los dioses le revelaron que la verdadera Helena estaba a salvo en Egipto, en el templo de Hathor. El príncipe Paris había recuperado un mero clon fabricado por los dioses. La guerra de Troya se había librado por una falsificación.

Menelao expresó su asombro ante la magia egipcia y agradeció a la suma sacerdotisa Tausert que mantuviera a salvo a su esposa. También se enteró de los inquietantes planes del faraón Ramsés III de casarse con Helena. El faraón había pedido su mano en matrimonio y estaba en camino para obtener su respuesta. Había amenazado con tomarla por la fuerza si ella se atrevía a rechazarlo. Así, el marido de Helena había regresado en el momento justo.

La reina Tausert no solo era la sacerdotisa de Hathor, sino también la madre de Ramsés. Sin embargo, prometió ayudar a Menelao y a su esposa a escapar sanos y salvos de Egipto. Huir levantaría la ira del soberano, así que Tausert ideó un plan mejor.

La ruta de escape

Era una buena noche en Egipto. El faraón estaba de buen humor, esperando una respuesta positiva de la hermosa mujer que vivía en el templo de Hathor. Su llegada al templo fue grandiosa y elaborada, pero la bienvenida no estuvo a la altura.

En lugar de una emocionada futura esposa, Ramsés encontró a Helena vestida de luto y a un viajero desaliñado y de aspecto cansado diciéndole palabras de consuelo. La madre del rey, Tausert, también estaba allí, y el ambiente en la sala era triste.

El rey de Egipto exigió ser informado de la situación, y Tausert fue quien habló. El hombre que consolaba a Helena era un marinero del barco de Menelao, que había sido destruido en el mar durante una turbulenta tormenta. Ramsés interrogó al marinero, que, sin saberlo, era Menelao. Cuando el marinero confirmó que había visto con sus propios ojos el cadáver de Menelao en el mar, el faraón no ocultó su alegría. Ahora, no había razón para que Helena declinara casarse con él.

Allí mismo, Ramsés le pidió a Helena que se casara con él. Ella aceptó, pero puso una pequeña condición: el faraón le concedería un tiempo para guardar luto por su difunto marido, de acuerdo con las costumbres griegas. Pidió un barco bien aprovisionado con la comida y el vino necesarios para un buen banquete funerario. Helena también pidió que le entregaran todos los tesoros que el príncipe troyano había robado, así como un toro para sacrificar al espíritu de su marido.

Además, pidió permiso al faraón para llevarse a los marineros que le habían revelado la verdad. Los necesitaría para realizar los ritos funerarios y los sacrificios por su difunto marido.

Le dijo al faraón: «Debo acompañarlos para pronunciar las palabras y verter la última ofrenda al espíritu de mi esposo, y todo esto debe hacerse en el mar en el que yace su cuerpo, pues solo entonces su espíritu podrá encontrar descanso en el reino del Hades, y solo entonces podré ser tu esposa».

Ramsés no vio ninguna razón para negarse, pero esto fue solo porque no se dio cuenta de que estaba siendo engañado. Con el consentimiento del faraón, Helena y Menelao zarparon de Egipto para no volver jamás. La pareja había viajado lejos de su alcance antes de que Ramsés se enterara de la verdad. En un arrebato de ira, intentó matar a su madre, Tausert, por ser la autora intelectual de la fuga de la princesa griega.

Esa noche, Thot se apareció al faraón Ramsés y le dijo que Tausert había actuado de acuerdo con la voluntad de los dioses. El rey no pudo hacer daño a su madre ni entonces ni después.

Algunos se refieren al mito de la princesa griega como la versión egipcia de la guerra de Troya. La versión griega, más conocida, difiere bastante. El mito egipcio narra el viaje predestinado de una mortal divina y cómo Egipto fue un refugio para ella mientras una de las guerras más épicas de la historia asolaba el Egeo.

# Capítulo 9 - El ladrón de tesoros

Esta historia comienza después de que la princesa griega Helena eludiera un matrimonio no deseado con el faraón Ramsés III y huyera con su marido, Menelao.

Tras ser advertido por los dioses de que no hiciera daño a su madre, Tausert, el rey de Egipto volvió a centrarse en la política y la economía de su reino. En los años siguientes, Egipto prosperó considerablemente bajo Ramsés III. No solo había conquistado a los invasores de Libia, Palestina y otras naciones a lo largo del Mediterráneo en sus primeros años de reinado, sino que el rey de Egipto había establecido una red comercial con los países vecinos para fomentar unas relaciones armoniosas.

Esto ayudó a reponer las arcas de Egipto, que previamente se habían agotado durante las constantes guerras contra la agresión extranjera. El faraón Ramsés no solo buscaba la prosperidad de Egipto, sino que también deseaba una enorme riqueza propia. Con este fin, empezó a reunir sus riquezas en pesos de oro, plata y gemas.

Banco de tesoros

Un día, el rey se despertó con una idea brillante para conservar su fortuna. Inmediatamente convocó a su mejor constructor, un hombre llamado Horemheb, para compartir sus pensamientos. El rey imaginó un escondite secreto para toda su riqueza, que fortificó contra ladrones y salteadores. Horemheb se mostró encantado de conocer el plan del rey y se ofreció para recibir sus instrucciones.

El faraón Ramsés ordenó a su constructor que construyera una fortaleza de piedra con muros gruesos e impenetrables y un tejado tan alto como las pirámides. Esta sería la cueva del tesoro del rey, y estaría fuertemente custodiada por soldados. Para entonces, el rey tenía otros proyectos de construcción en marcha, incluido su magnífico templo en las colinas de Tebas, a lo largo de la orilla occidental del río Nilo.

Horemheb aceptó la orden del rey y la puso en práctica. Contrató a los mejores canteros de todo Egipto y extrajeron las mejores piedras de las canteras de Swenett (más tarde llamada Asuán). Con estas piedras se construyó el banco del tesoro del rey y, tal como Horemheb había prometido, no se parecía a ningún otro edificio anterior. Sus puertas estaban construidas con piedra de la mejor calidad, y las puertas de las cámaras interiores eran de bronce y hierro.

Satisfecho con el buen trabajo de Horemheb, el faraón Ramsés lo recompensó e hizo trasladar todos sus tesoros a su nuevo hogar. Las puertas de la cámara del tesoro fueron selladas por el propio rey, que regresó a palacio con la seguridad de sus riquezas.

Lo que el rey no sabía era que sus tesoros estaban lejos de estar a salvo.

<u>Misión imposible</u>

Era de noche, y en toda la tierra reinaba la paz y la tranquilidad. Todo Egipto dormía, excepto los hombres destinados a custodiar el tesoro del faraón, y dos hombres más.

Llevaban a cabo una misión secreta y peligrosa, que les costaría la vida si los descubrían. Habían burlado a los guardias del rey y entrado por una puerta secreta. Ahora estaban llenando sus sacos con su parte del botín.

Los dos hombres actuaron en silencio y se llevaron solo un poco de la abundancia de la sala, como habían hecho la última vez, la anterior, y todas las veces antes que eso. El tesoro del rey estaba visiblemente reducido, pero los ladrones no se detendrían hasta que se hubieran llevado lo suficiente o incluso todo.

Llegó la mañana y desaparecieron sin dejar rastro, salvo los tesoros desaparecidos del rey. El faraón Ramsés se dirigió furioso a su banco de tesoros y descubrió que una vez más le habían robado. Estaba furioso. Había perdido la cuenta de las veces que esos ladrones se habían llevado su preciada fortuna.

El único hombre que conocía los entresijos de su banco del tesoro era el que lo había construido: Horemheb. Pero Horemheb había muerto mucho después de terminar la construcción. Había fallecido tras una terrible enfermedad que lo aquejaba.

¿Quiénes eran esos ladrones y cómo habían conseguido entrar tantas veces sin romper el sello ni ser atrapados por los guardias del rey?

El faraón estaba harto de estos misteriosos delincuentes. Necesitaba un plan para atraparlos in fraganti y castigarlos severamente. Durante días, reflexionó sobre una solución, y entonces se le ocurrió: trampas.

Los ladrones eran escurridizos, como las ratas, y ¿qué mejor manera de atrapar ratas que con trampas estratégicamente colocadas?

*

Era otra noche perfecta para robar la fortuna del rey.

Los dos hijos de Horemheb entraron sigilosamente en el banco del tesoro del rey y tomaron el camino secreto que su padre, Horemheb, les había revelado en su lecho de muerte poco antes de morir. Sin que el rey lo supiera, el hombre en quien había confiado la construcción de su fortaleza del tesoro había instalado un diminuto camino a través de los muros para acceder a su fortuna. Antes de morir, Horemheb había convocado a sus dos hijos y les había dado el mandato de saquear la fortuna del rey.

Era otra noche para embarcarse en esta misión mortal. Eran incapaces de saciarse del tesoro del rey, así que habían venido a robar un poco más. Sin que los hijos de Horemheb lo supieran, el rey se había adelantado a su movimiento y había tendido una trampa mortal en el interior de la cámara del tesoro, cerca de los cofres de oro y plata.

Los hermanos entraron a hurtadillas, vadeando la oscuridad para alcanzar su premio. Pero uno de los hermanos cayó en la trampa del rey. Luchó por liberarse, pero fue inútil. Iba a desangrarse. Su identidad sería revelada. O peor aún, lo capturarían medio muerto y lo torturarían cruelmente para que dijera quién era su cómplice.

Para protegerse a sí mismo, a su hermano y a su familia, el hermano atrapado suplicó a su hermano que lo matara y le cortara la cabeza. Así moriría sin dolor y, sin cabeza, nadie reconocería su cadáver.

El hermano se negó rotundamente. Tenía que haber otra manera. Se arrodilló e intentó liberar a su hermano varias veces y de diferentes maneras, pero sus esfuerzos fueron inútiles. El hermano atrapado repitió fervientemente su petición y añadió que se les acababa el tiempo. Si los atrapaban a los dos, tendrían que pagar con sus vidas de la forma más humillante.

Vacilante, el otro hermano concedió al hermano atrapado su deseo de un crimen de honor y lo decapitó. Después, se escabulló de la cámara del tesoro del rey y se llevó la cabeza cortada y las ropas de su hermano para enterrarlas.

El más listo

El faraón Ramsés III se conmovió cuando se enteró del cadáver sin cabeza y sin ropa que había caído en su trampa. Sus guardias negaron ser los responsables de su muerte, y quienquiera que lo hubiera hecho no había dejado expertamente ningún rastro. Los sellos de las puertas permanecían intactos y no había otros signos de violación.

El rey de Egipto se lo tomó como un desafío personal, y puso en juego toda su determinación para vencer al astuto ladrón. Ramsés sabía reconocer un crimen de honor cuando lo veía, y la única forma de acabar con cualquier cómplice era utilizando el cadáver sin cabeza.

Cuando llegó la mañana, el pueblo murmuraba entre sí. Los que pasaron por delante de las puertas del palacio esa mañana informaron de un espectáculo de lo más sórdido. Un cadáver desnudo y sin cabeza colgaba de una cuerda frente al palacio. No parecía que fueran a bajar el cuerpo pronto, ya que se hacía por orden del rey.

El segundo hermano oyó los rumores y tuvo que averiguar si eran ciertos. Y lo eran. El cadáver de su hermano fue colgado frente al palacio como parte del plan del rey para atraparlo. El rey también había apostado a sus soldados para observar las reacciones de todos los que vieran el cadáver. Era muy probable que algún familiar se acercara, viera a su pariente colgado y no pudiera contener su pena. Si esa persona se presentaba a las puertas del palacio para lamentarse o reclamar el cadáver, el rey había ordenado a sus soldados que lo detuvieran inmediatamente.

Sin embargo, el segundo hermano se dio cuenta del plan del rey y decidió que no caería en él. Sin embargo, las cosas se complicaron rápidamente cuando su madre se enteró de la horripilante exhibición del cadáver de su hijo. Enloquecida de dolor, gritó a su otro hijo y le ordenó que trajera a casa el cadáver de su hermano. De lo contrario, nunca entraría en la Duat.

El segundo hermano no había previsto que su madre causaría tal alboroto, e intentó consolarla. Le aseguró que había enterrado correctamente la cabeza de su hermano con la de su difunto padre y que eso bastaba para que el hermano muerto entrara por las puertas de la Duat. Pero su madre seguía sin estar convencida. Gritó más fuerte y amenazó con revelar su secreto al faraón. Estaba dispuesta a aceptar cualquier consecuencia, incluso si significaba la muerte de su hijo.

El otro hermano se dio cuenta de que su madre era inflexible y prometió traer a casa el cadáver de su hermano. Se le ocurrió otro plan brillante.

*

El faraón nunca había estado tan furioso.

¿Cómo podían sus propios hombres ser tan imprudentes e incompetentes como para emborracharse estando de servicio? Los hombres se pusieron sobrios y explicaron en detalle lo que había ocurrido la noche anterior. Un anciano mercader había pasado por delante del palacio con dos burros cargados de odres. Sus burros chocaron y los arneses rompieron dos odres. El vino de los odres se derramó y el mercader se enfadó tanto que gritó, llamando la atención de los soldados.

En lugar de desperdiciar el vino, los soldados se sirvieron los odres llenos de vino. El mercader se sentó con ellos y compartió con ellos otro odre. Al final, se emborracharon y se sumieron en un profundo sueño.

Por la mañana, el mercader había desaparecido, al igual que el cadáver que los guardias debían vigilar. El mercader había sido el segundo hermano, y su plan había funcionado mejor de lo que hubiera podido imaginar.

Al oír los detalles, el faraón se enfureció aún más. Condenó a los soldados infractores a una severa flagelación e hizo que los arrastraran fuera de su vista. Ramsés apretó los puños en su trono, enfurecido por la audacia de este vulgar ladrón. Estaba aún más decidido a atrapar a este infractor de la ley.

Era hora de poner en marcha otro plan.

*

Amaneció de nuevo en la tierra de Egipto, y en las calles se murmuraban nuevas noticias. Había una visitante importante en la tierra, y era la mujer más hermosa que había llegado a las costas de Egipto después de Helena. Esta mujer era una soltera elegible, y su mano en matrimonio iría a cualquier hombre que le contara el mejor secreto.

Los hombres de Egipto acudieron al campamento donde se alojaba la bella y se turnaron para conseguir su mano. El hermano vivo era uno de ellos y, cuando le llegó el turno, vio que era muy hermosa. Aunque estaba oscuro, no podía negarse su resplandor. Ella le ofreció asiento y procedió a preguntarle por el secreto que quería que le contara. «Dime las cosas más perversas e inteligentes que hayas hecho»

Si a la dama le fascinaba su respuesta, consentiría en casarse con él. Para el segundo hermano, la respuesta era obvia, así que se la contó. Había decapitado a su propio hermano, que había caído en la trampa del rey mientras robaban el tesoro del rey.

De repente, la mujer gritó en voz alta, alertando a sus guardias de que había atrapado al ladrón del tesoro. Agarró la mano del segundo hermano y se aferró a ella hasta que llegaron los guardias del rey. Pero cuando encendieron las luces, había desaparecido. Lo que la mujer sujetaba era la mano cortada de su hermano muerto.

Horrorizada, gritó y soltó la mano. Resultó que no era una extraña en la tierra de Egipto. Era la hija del rey, la princesa de Egipto y, al igual que su padre, había sido engañada por un hombre que lo sabía todo sobre su plan.

Regresó a palacio y le contó a su padre lo sucedido. Esta vez, el rey tuvo una reacción diferente. Se había obsesionado tanto con atrapar al ladrón del tesoro que se había perdido la visión de conjunto.

El ladrón era un hombre de genio poco común, y su previsión era insuperable. Sería un colosal desperdicio de su talento castigarlo. El faraón Ramsés promulgó un decreto en el que anunciaba el perdón por los crímenes del ladrón del tesoro y la promesa de ricas recompensas si se unía al servicio del rey como criado.

En un final de lo más inverosímil, el segundo hermano se reveló finalmente al rey, y se le concedió un título en la corte del rey. También se casó con la princesa de Egipto y nunca más tuvo que escabullirse a la casa del tesoro del rey.

# Capítulo 10 - El cuento de Hatshepsut

«Un pueblo de origen innoble procedente de Oriente, cuyo país era imprevisible, tuvo la osadía de invadir el país, que dominaron por la fuerza principal sin dificultad ni siquiera batalla. Tras dominar a los jefes, quemaron salvajemente las ciudades, arrasaron los templos de los dioses y trataron a toda la población nativa con la mayor crueldad, masacrando a algunos y esclavizando a las esposas e hijos de otros».

Este es el relato ampliamente debatido de un historiador egipcio llamado Manetón. En ese pasaje, describe la invasión de Egipto por los hicsos en el siglo XVII a. C. Aunque los historiadores modernos sostienen que estos extranjeros se apoderaron de partes de Egipto de la forma más pacífica posible, la tradición sigue siendo fiel al relato de Manetón.

Al parecer, Egipto fue saqueado por estos extranjeros semitas y las rutas comerciales quedaron interrumpidas, por lo que los sucesivos faraones tuvieron que luchar para recuperar el poder de Egipto. Esta historia trata de un faraón inusual cuyo reinado se celebra en la historia como uno de restauración y desarrollo.

Este faraón ascendió al trono de Egipto en medio de una situación desfavorable y dejó una huella indeleble en la historia egipcia. Era una mujer y se llamaba Hatshepsut.

## La divinidad real

Ambientada en la dinastía XVIII de Egipto, la historia de Hatshepsut comienza míticamente con la decisión del dios del Sol Ra de entronizar a una gran mujer como faraón de Egipto y entregarle el mundo entero. El gran plan del dios del Sol se llevaría a cabo a través del cuerpo de una hermosa mujer llamada Amosis, esposa del faraón Tutmosis y reina de Egipto.

El dios del Sol encargó a Thot que organizara la concepción de una niña que crecería y se convertiría en la faraona de Egipto. Thot accedió y descendió a la Tierra durante la noche. Se dirigió al palacio. Su tarea divina no podía ser descubierta, así que hechizó a todos los mortales del palacio para que durmieran profundamente y poseyó el cuerpo del faraón Tutmosis.

El faraón poseído se dirigió a la alcoba de su reina y la encontró profundamente dormida en su sofá con forma de león. El rey se acercó a ella y la levantó, insuflándole el aliento divino de Ra en las fosas nasales. También la bendijo y declaró que el niño que nacería gobernaría las dos tierras de Egipto.

La reina Amosis pensó que todo era un sueño, pero pronto dio a luz a una hermosa niña. La llamaron Hatshepsut, y la familia del rey celebró su llegada por todo lo alto. Esa noche, el palacio recibió otra visita divina. Esta vez bajó el mismísimo dios del Sol Ra, acompañado por la diosa Hathor y sus siete hijas (conocidas como las Siete Hathors). El dios del Sol cogió a la princesa bebé, le dio el beso del poder y su bendición para gobernar Egipto.

## La toma del poder

Hatshepsut tuvo la educación típica de una princesa egipcia. Se le enseñó a dar prioridad a sus deberes familiares y sagrados por encima de todo. Probablemente se convertiría en la esposa de un faraón y nada más.

Era inaudito que una mujer se convirtiera en faraón de Egipto. El trono siempre había sido ocupado por hombres, salvo Sobekneferu, que había reinado apenas cuatro años con logros poco conocidos.

Cuando el faraón Tutmosis falleció hacia 1493 a. C., su hijo, Tutmosis II, se convirtió en rey de Egipto. Hatshepsut se casó con su hermano, Tutmosis II, a la edad de doce años y se convirtió en la reina de Egipto. Esta era una práctica común en el antiguo Egipto, y el nuevo rey y la nueva reina reinarían durante los años siguientes.

Hatshepsut tuvo una hija para el rey, la princesa Neferura, pero al parecer no pudo tener hijos varones. Tener un heredero era importante para la continuidad de la dinastía, y no se podían correr riesgos. Finalmente, una mujer del harén del faraón, que respondía al nombre de Iset, dio a luz a un heredero para el rey.

El príncipe recibió el nombre de Tutmosis III y la reina Hatshepsut lo adoptó como hijastro. Tutmosis III tenía casi tres años cuando su padre, el rey, murió repentinamente, dejándolo como siguiente en la línea de sucesión al trono.

Evidentemente, el príncipe era demasiado joven para que se le confiaran asuntos de gobierno y necesitaba un tutor, también conocido como regente. La reina Hatshepsut dio un paso al frente y se convirtió en la regente de Tutmosis III hacia 1479 a. C.

Con el tiempo, Hatshepsut comprendió cuál era su mandato divino. Debía ser más que eso. Más allá de lo espiritual, era una mujer ambiciosa que lo sabía todo sobre el estado de Egipto y la lucha por recuperarse de la invasión hicsa que había tenido lugar mucho antes de que ella naciera. Un día, Hatshepsut se enteró de un complot de las demás familias reales para usurpar el trono a su hijastro. Esto pondría fin abruptamente al reinado de la dinastía XVIII.

Hatshepsut no permitiría que el trono de Egipto fuera arrebatado a su línea familiar, así que en el quinto o séptimo año de reinado del joven Tutmosis III, Hatshepsut asumió el trono de Egipto como faraón.

El pueblo de Egipto se despertó con una noticia sin precedentes. Tenían un nuevo rey; era una mujer. Consciente de su insólito ascenso al trono de Egipto, la faraona Hatshepsut procedió a legitimar su reinado declarándose heredera legítima de su padre, el difunto faraón Tutmosis I. Para ocupar los cargos importantes del gobierno eligió a personas de confianza, entre las que destacaba Senenmut, arquitecto y supuesto amante de la faraona Hatshepsut.

A continuación, la faraona Hatshepsut trató de convencer al pueblo de que había sido ordenada por los dioses para unir las dos tierras de Egipto y devolver al país su antigua gloria. Como prueba de ello, adoptó el nombre de Maatkare, que significa «La verdad es el alma del dios sol». También se sometió a ritos y observancias de purificación durante su coronación y llevó coronas que representaban el Alto y el Bajo Egipto.

Antes de acceder al trono, Hatshepsut solo había sido conocida como princesa y luego como reina de Egipto. Su nuevo estatus le exigía forjarse una nueva imagen ante su pueblo. Hatshepsut dio un paso más, y ordenó que la vistieran y se dirigieran a ella como a un hombre, tanto en persona como en las representaciones pictóricas. Se vistió con el atuendo real masculino y se la representó con barba postiza y musculatura. Se referían a ella con respeto como «Su Majestad».

**Esfinge de Hatshepsut mostrando su barba postiza**
*Postdlf, CC BY-SA 3.0 https://creativecommons.org/licenses/by-sa/3.0/ vía Wikimedia Commons; https://commons.wikimedia.org/wiki/File:Sphinx_of_Hatshepsut.jpg*

Hatshepsut: La constructora y comerciante

Hatshepsut sabía que cambiar de vestuario no era todo lo que había que hacer para ser una gran faraona. Un día, convocó al ministro Senenmut y le encargó que supervisara sus grandes proyectos de construcción. A la inversa, se embarcó en la histórica expedición a Punt para reactivar el comercio en Egipto.

Muchos faraones anteriores a Hatshepsut habían mostrado poco compromiso con los proyectos de construcción fuera de las tumbas o las pirámides. Después de que los hicsos invadieran «salvajemente» Egipto, muchos templos y monumentos fueron destruidos, dejando en ruinas el patrimonio cultural del país.

Los edificios que la faraona Hatshepsut tenía en mente no eran reliquias básicas. Hatshepsut imaginó estructuras grandiosas y magníficas que la sobrevivieran y se convirtieran en un legado para muchas generaciones. Tras consultarlo con Senenmut, se acordó que Ineni, un arquitecto aristocrático que había servido a los dos faraones anteriores, sería el mejor para el trabajo.

La construcción comenzó en varios lugares del Alto y Bajo Egipto. Se renovó el templo de Karnak, que tenía varios santuarios dedicados al culto de la diosa egipcia de la tierra, Mut (el recinto de Mut). El recinto de Mut había caído en manos de los hicsos en la dinastía XI y su importancia había disminuido con el tiempo. Con la reconstrucción patrocinada por la faraona Hatshepsut, el recinto de Mut recuperó prestigio.

Además, en Karnak, Hatshepsut construyó la Chapelle Rouge, también conocida como la Capilla Roja. Este santuario se construyó en honor de Ra, y albergaba la barca sagrada de oro que se creía transportaba al dios del Sol en sus viajes. Los días de fiesta, la estatua de Ra se montaba en la barca y una procesión de sacerdotes la sacaba del santuario de Karnak por las calles de Tebas. Se lo devolvía después de las festividades. El interior del santuario estaba decorado con relieves y epígrafes del próspero reinado del faraón.

El templo de Pakhet, que honraba a las diosas Baset y Sekhmet, también fue construido por la faraona Hatshepsut como gesto para revivir la cultura egipcia. Este templo fue encargado en Beni Hasan y llegó a ser rebautizado como la Cueva de Artemisa por los griegos (esto se debió a que Artemisa era el equivalente griego de Baset y Sekhmet).

Hatshepsut también era famosa por sus obeliscos. Por orden suya, el mayordomo jefe Amenhotep erigió dos obeliscos gemelos a la entrada del templo de Karnak. En aquella época, eran los más altos del mundo. La faraona mandaría construir dos obeliscos más con motivo de la celebración de su decimosexto año de reinado y un tercero para sustituir a uno de sus obeliscos en Asuán que se había derrumbado tras su construcción inicial.

Uno de los obeliscos de la faraona Hatshepsut en Karnak
*PirouzZ, CC BY-SA 4.0 https://creativecommons.org/licenses/by-sa/4.0 vía Wikimedia Commons: https://commons.wikimedia.org/wiki/File:Obelisk_of_Hatshepsut_at_Karnak.jpg*

También fue importante la construcción de la gran tumba real de la faraona Hatshepsut en la orilla occidental del Nilo, cerca de Lúxor. Este lugar se llamó Deir el-Bahri, y se convertiría en el punto de entrada al famoso Valle de los Reyes. La tumba real de Hatshepsut era también un templo, un complejo llamado «Santo de los Santos» o Djeser-Djeseru. Era una estructura majestuosa que destacaba del resto por sus hermosos jardines y terrazas escalonadas, ornamentadas con estatuas de Osiris y Hatshepsut, así como una avenida de esfinges en la parte delantera. Los templos funerarios del antiguo Egipto se diseñaban para honrar al dios del Sol y para el culto póstumo del faraón que los construía.

La faraona Hatshepsut no solo fue una maestra constructora, sino que a su reinado también se atribuye la mayor expedición comercial del antiguo Egipto de la historia. Tras la agresiva ocupación de los hicsos, Egipto había perdido muchos templos y estatuas. Las arcas del país se vieron negativamente afectadas, y la faraona trató de reponer la riqueza de Egipto.

En el noveno año de su reinado, cinco barcos partieron de Egipto en nombre de la faraona Hatshepsut. Su destino era una tierra africana al otro lado del mar Rojo llamada Punt. Antes de la invasión de los hicsos, la tierra de Punt tenía una larga historia de comercio con Egipto, que se remontaba a la dinastía V. Un día, el faraón oyó hablar de Punt y de todas sus riquezas. Era una «tierra tan hermosa» que la gente la llamaba la Tierra de los Dioses.

La faraona Hatshepsut encargó a un canciller nubio llamado Nehsi que dirigiera sus barcos en una misión comercial a Punt. La delegación de la faraona fue bien recibida por la realeza de Punt y su misión tuvo éxito. Regresaron a Egipto con artículos de ébano, resina de ajedrea, marfil, incienso, oro y mirra. En Punt se cosecharon árboles de mirra vivos que se llevaron a Egipto para plantarlos en el templo mortuorio del faraón. La propia faraona descubrió que el incienso quemado era un ingrediente útil en la producción de kohl o maquillaje de ojos.

Aunque el comercio pacífico fue el hilo conductor de la política exterior de la faraona Hatshepsut, hay indicios de que dirigió campañas estrictamente militares a Biblos, Canaán, Nubia y la península del Sinaí.

A pesar de los esfuerzos por borrar su legado emprendidos por el sucesor de Hatshepsut, Tutmosis III, la historia de la faraona Hatshepsut y su grandeza ha sobrevivido durante generaciones. Fue ordenada por la divinidad y su mandato restauró la riqueza y la eminencia de Egipto.

# Capítulo 11 - El príncipe condenado

Esta historia comienza con la agonía de un rey sin heredero.

Era el rey de todo Egipto, adorado como hijo de Ra y padre de su pueblo. Sin embargo, no tenía ningún hijo que continuara su línea real. Todas las noches, el rey rezaba fervientemente a los dioses para que su esposa fuera fértil y le diera un hijo. También hacía muchas ofrendas para apaciguar a los dioses de la fertilidad. Un día, recibió la promesa de que su esposa tendría un hijo. Y así fue.

El rey convocó una gran fiesta en honor a los dioses por haber respondido a sus plegarias. Como era habitual, la familia real consultó a las Siete Hathors, deidades veneradas por conocer el destino de los mortales. Necesitaban saber cuál sería el destino del príncipe.

Por desgracia, las Siete Hathors predijeron que el príncipe sufriría una muerte horrible y prematura. Lo mataría un cocodrilo, un perro o una serpiente.

Cuando el rey se enteró, sintió un gran temor. Lloró la suerte de su hijo y de su reina. Era casi imposible cambiar su destino. Sin embargo, el rey de Egipto estaba dispuesto a arriesgarse.

Inmediatamente mandó construir una fortaleza en las montañas para que viviera el príncipe. Se construyó con los mejores materiales del país y se amuebló al gusto real. Todo lo que el joven príncipe necesitaba para vivir con comodidad y lujo se encontraba en la fortaleza, y el príncipe fue trasladado allí para vivir su infancia.

Pasaron los años y, a medida que el príncipe crecía, aumentaba su curiosidad por el mundo más allá de los muros que lo rodeaban. Miraba desde lo alto del tejado hacia el horizonte, incapaz de saber cómo era el mundo. Un día, vio una extraña criatura vagando fuera de los muros. Nunca la había visto antes, pero no se parecía en nada a un hombre o a una mujer.

El joven príncipe preguntó a uno de sus criados qué era, y supo que se trataba de un perro. El príncipe quedó fascinado y le pidió a su padre que le dejara tener uno. El rey se negó, recordando la profecía de las Siete Hathors, pero el príncipe fue implacable hasta que su deseo se cumplió.

Pero ahí no acabó la cosa. El príncipe exigió saber la razón de su encarcelamiento y por qué no podía vivir con su familia.

El rey y la reina se dieron cuenta de que había llegado el momento de comunicar al príncipe su destino. El príncipe recibió la noticia de su destino con valentía. Pidió que se le permitiera explorar el mundo durante el resto de sus días en la Tierra. El rey y la reina se mostraron reacios a enviar a su único hijo a un mundo de incertidumbre y peligro, pero, una vez más, le concedieron su deseo.

Así pues, el príncipe y su perro emprendieron una aventura mucho más allá de las costas de Egipto. El príncipe no tenía ningún destino en mente, pero se dirigió hacia el este, guiado por sus propios caprichos. Llegó a Nahairana, una pequeña ciudad rebosante de actividad. Parecía ser una fiesta, pues había muchos jóvenes llenos de entusiasmo por las calles. El príncipe preguntó a uno de ellos de qué se trataba. Le dijeron que era un concurso. Los hombres del país competían por conseguir la mano de la bella princesa.

La princesa vivía en una torre de más de treinta metros de altura y setenta ventanas. El que consiguiera subir a la habitación más alta de la torre y llegar hasta la princesa sería el ganador del concurso y podría casarse con ella.

Muchos jóvenes valientes intentaron llegar a la cámara elevada de la princesa, pero ninguno lo consiguió. Día tras día, el príncipe de Egipto observaba a los otros jóvenes intentarlo, pero la tarea era desalentadora y parecía insuperable.

Un buen día, el príncipe decidió probar suerte. Al igual que la princesa de Nahairana, él también había vivido su infancia en reclusión. Gracias a ello, había adquirido una gran habilidad para la escalada.

El príncipe de Egipto tuvo éxito en su búsqueda, pero el rey no quiso entregar la mano de su hija a un fugitivo de Egipto. Siguió oponiéndose al matrimonio hasta que la princesa juró quitarse la vida si el rey no cambiaba de opinión. La princesa se había enamorado del príncipe a primera vista y, finalmente, su padre le dio su bendición. También le regaló criados, tierras, ganado, propiedades y joyas preciosas. Con su nueva esposa, el príncipe pronto anheló regresar a Egipto.

Antes de eso, el príncipe le contó a su esposa la profecía de las Siete Hathors. Estaba condenado a morir a manos de un cocodrilo, un perro o una serpiente. La princesa se preocupó por la seguridad de su marido y sugirió que mataran a su perro. El príncipe se negó, ya que el perro había sido su compañero desde niño y no le había hecho daño ni una sola vez.

Juntos, el príncipe y su esposa emprendieron el viaje de regreso a Egipto. En su camino, llegaron a un gran lago que bordeaba una pintoresca ciudad. El lago estaba lleno de cocodrilos y la vida del príncipe corría peligro. Con la ayuda de un gigante que vivía en la ciudad cercana al lago, el príncipe salvó su vida.

El príncipe y su esposa se instalaron en un nuevo hogar, y él estuvo a punto de ser atacado por una serpiente varias veces. Su esposa y sus sirvientes frustraron todos los atentados contra su vida. El príncipe ofreció interminables plegarias y sacrificios a los dioses para cambiar su destino y el de su esposa, que estaría destinada a vivir sin su amado.

Una noche, el príncipe salió de caza con su perro. El perro olfateó una pieza de caza en el bosque y la persiguió. El príncipe lo seguía, dispuesto a matarlo, hasta que el perro se zambulló en un río cercano. El príncipe se detuvo, horrorizado ante lo que estaba a punto de ocurrir. Un gran cocodrilo emergió del río y dijo: «He aquí, yo soy tu perdición, siguiéndote».

Y aquí, la historia termina abruptamente. El antiguo documento donde está escrito este mito estaba tan dañado que el final de esta historia sigue siendo desconocido.

¿Murió el príncipe como estaba predestinado o escapó a la sombría profecía de las Siete Hathors?

# Capítulo 12 - Los dos hermanos

Bata corrió tan rápido como le permitieron sus piernas.

Mientras caía por el estrecho camino polvoriento, podía oír a Anpu persiguiéndole con una lanza en la mano. Solo Ra podía salvar a Bata de ser asesinado por un crimen que no había cometido.

¿Cómo empezó todo?

Esta es la historia de «Los dos hermanos» de la mitología egipcia clásica. Comienza con la coexistencia pacífica de dos hermanos; el mayor se llamaba Anpu, y el menor, Bata.

Anpu y Bata nacieron de los mismos padres, y como el mayor, Anpu poseía una casa, ganado y tierras. También tenía esposa, y Bata vivía con ellos. Bata era un excelente agricultor. Cultivaba la tierra, y plantaba y cosechaba cultivos en las tierras de su hermano. También era quien alimentaba y trabajaba el ganado. Bata tenía una habilidad sobrenatural para hablar con los animales.

Todas las mañanas era el primero en levantarse para trabajar el campo con los bueyes, alimentar al ganado y llevar leche y queso a casa para Anpu y su mujer. La granja de Anpu estaba en las mejores manos de Egipto, ya que Bata era un hombre que conocía las estaciones.

Un día de la estación de la Emergencia, Bata pidió a Anpu que lo acompañara a arar la tierra. Anpu accedió, y cuando amaneció, los dos hermanos se dirigieron a la granja. Construyeron caballones y plantaron muchas semillas. Cuando se les acabaron las semillas, Anpu envió a Bata a casa a por más, y Bata fue de prisa.

En casa, se encontró con la mujer de Anpu, que se estaba acicalando el pelo. Bata le pidió que le trajera las semillas, pero ella se negó.

«Ve tú mismo y abre el almacén —le dijo—. Coge lo que desees. Si me levantara por ti, mi pelo volvería a ser rebelde.

Bata accedió y entró en el almacén. Al salir, ocurrió algo inesperado. La mujer de Anpu lo sedujo y expresó su deseo de mantener relaciones sexuales con él. A Bata no le gustaron sus insinuaciones. Le dijo: «Te considero como una madre, y mi hermano es como un padre para mí. Has dicho cosas malas, y no deseo volver a oírlas, ni repetiré a nadie lo que has dicho».

Con esto, Bata se apresuró a volver a la granja y trabajó allí con Anpu hasta la noche. Anpu regresó a casa y se encontró con un sorprendente giro de los acontecimientos. Su mujer estaba en mal estado. Parecía golpeada y maltratada por un bruto. Yacía en el suelo dolorida, incapaz de encender la lámpara o dar a su marido agua con la que lavarse las manos, como exigía la antigua costumbre egipcia.

Anpu la abrazó y le preguntó qué le había pasado. La mujer de Anpu dijo que había sido Bata quien la había atacado cuando volvió a casa a por más semillas. Lo acusó de amenazarla con matarla si le contaba algo a Anpu.

Las palabras de su mujer enfurecieron violentamente a Anpu. Armado con una espada y una lanza, Anpu arremetió contra los aposentos de Bata para matarlo. Mientras tanto, Bata estaba en el granero con los bueyes cuando uno de ellos le dijo que su hermano estaba de camino para matarlo.

Bata se asomó por la puerta del granero y, efectivamente, Anpu estaba armado y de camino. Bata huyó de la granja con Anpu pisándole los talones. Mientras corría para salvar su vida, Bata rezó en voz alta a Ra, pidiéndole ayuda y vindicación.

El dios escuchó la plegaria de Bata e hizo que un río brotara de la tierra seca, separando a los dos hermanos. El río estaba lleno de cocodrilos y Anpu no pudo llegar hasta Bata. Desde el otro lado del río, Bata declaró su inocencia a Anpu y le contó su versión de la historia: la verdad. Para demostrar aún más su inocencia, Bata se cortó una parte de sí mismo (el pene, según algunas versiones de esta historia) y la arrojó al río, donde un pez se la comió.

Mientras Bata sangraba, Anpu se convenció y se llenó de arrepentimiento. Intentó llegar hasta su hermano, pero no pudo cruzar el río. Bata anunció que se dirigía al valle de los Cedros, donde se arrancaría el corazón y lo colgaría en un cedro. Si el árbol era talado, él moriría. Bata encargó a Anpu una búsqueda de siete años para encontrar su corazón y ponerlo dentro de un recipiente con agua para poder volver a la vida.

Después, se despidió de Anpu y siguió su camino. Lleno de arrepentimiento y angustia, Anpu regresó a casa y mató a su mujer.

### La mujer de Bata

Bata encontró un hogar en el valle de los Cedros, donde se encontró con la Enéada de Heliópolis. Ra se apiadó de Bata por su difícil situación y ordenó al dios Khnum que le creara una esposa para que dejara de estar solo.

La nueva esposa de Bata era divinamente hermosa, y no había otra mujer como ella en todo Egipto. Las Siete Hathors aparecieron en escena y la contemplaron. Como conocedoras del destino, predijeron que la esposa de Bata tendría una vida corta. Predijeron su muerte, igual que en el mito del príncipe condenado.

Temeroso de perder a su esposa, Bata decidió protegerla hasta el último aliento. No salía de casa ni se acercaba al mar o al bosque. Así permaneció durante muchos meses, hasta que un día el rey de Egipto oyó hablar de ella y pidió su mano.

Envió innumerables mensajeros para hacer llegar su intención a la esposa de Bata hasta que ella accedió a reunirse con él. El rey se enamoró de la mujer de Bata y se casó con ella, a pesar de saber que pertenecía a otro hombre. Cuando la mujer de Bata reveló el secreto de su marido sobre su corazón colgado en un cedro, el rey envió a sus soldados a talar el árbol. Bata murió.

### Una reunión de hermanos

Anpu recibió la señal para iniciar su búsqueda y rescatar a su hermano. Salió corriendo hacia el valle de los Cedros y encontró a Bata en su casa, sin vida. Anpu se propuso encontrar el corazón de su hermano o alguna otra forma de devolverle la vida. Al cabo de cuatro años, encontró una semilla que contenía el alma de Bata.

Cogió la semilla y la echó en un frasco de agua, y Bata volvió. Estaba vivo. Anpu restauró el alma de Bata haciéndole beber el agua con la semilla en su interior. Bata revivió y los dos hermanos se abrazaron con alegría.

Bata se transformó en un toro y Anpu lo cabalgó hasta el palacio. El rey quedó tan encantado con el despliegue de poderes mágicos de la criatura que lo convirtió en un toro sagrado en el templo y recompensó a Anpu con oro y plata por ello. Como toro, Bata se reveló a su esposa, y ella, aterrorizada, no se arrepintió de revelar su secreto al rey.

En su lugar, la reina pidió al rey que sacrificara al toro sagrado y le permitiera comer su hígado. Obligado por un juramento a concederle todo lo que deseaba, el rey accedió a regañadientes. El toro sagrado —Bata— fue sacrificado.

Mientras lo mataban, dos gotas de su sangre cayeron al suelo y de ellas brotaron dos magníficos árboles de Persea. Los asistentes del rey se maravillaron ante este misterio y se lo contaron al rey. El rey declaró que los árboles eran sagrados.

De nuevo, Bata, en la forma de los árboles sagrados, se reveló a la reina. Ella palideció de miedo y engañó una vez más al rey para que jurara concederle su deseo. Entonces, pidió que cortaran los árboles sagrados de Persea. El rey no pudo negarse. Asignó a los leñadores más hábiles de Egipto la tarea de talar el árbol, y empezaron, con la reina mirando. Sin que ella lo supiera, una pequeña astilla del árbol entró en su boca y se la tragó.

Esta astilla hizo que la reina quedara embarazada, y pronto dio a luz a un niño, pensando que era hijo del faraón. Sin que el rey y la reina lo supieran, el niño era una encarnación de Bata, y heredaría el reino de Egipto tras su muerte.

Cuando Bata se convirtió en rey de Egipto, llamó a su hermano Anpu y lo convirtió en el siguiente en la línea de sucesión al trono de Egipto. Los dos hermanos volvieron a unirse para no separarse nunca más.

# Capítulo 13 - Isis y los siete escorpiones

Era una tarde fría y las turbias marismas del Nilo no eran lugar para una madre y su hijo. Sus ropas no eran más que harapos y los recuerdos de su encarcelamiento en aquella hilandería atormentaban su mente.

Esta misteriosa mujer tenía una compañía de guardaespaldas poco habitual. No eran hombres sanos, ni siquiera dioses. Eran gigantescos escorpiones venenosos. Eran siete y formaban un círculo protector a su alrededor mientras se dirigía a una mansión en el horizonte.

Los siete escorpiones se llamaban Tefen, Masetetef, Petet, Tjetet, Matet, Mesetet y Befen. Fueron asignados por Serket a instancias del dios Thot para proteger a la mujer y a su hijo de cualquier daño. Pronto llegaron a la mansión, y cuando la mujer llamó desesperadamente, las puertas de la mansión se abrieron.

Allí estaba Usert, una mujer adinerada que era propietaria de la mansión y vivía en ella.

Repugnada por su aspecto demacrado, Usert no mostró compasión por la mujer ni por su bebé. En lugar de eso, cerró la puerta en las narices de aquellos huéspedes indeseados y se marchó sin remordimientos.

No sabía que no era una simple mortal quien llamaba a su puerta. Era la gran y poderosa diosa Isis, y su bebé era Horus, hijo de Osiris. El mito de Isis y los siete escorpiones se sitúa tras el espantoso asesinato de Osiris y la usurpación del trono egipcio por el malvado dios Seth.

Seth estaba decidido a acabar para siempre con la estirpe de Osiris, pero Thot, en su sabiduría, había ayudado a proteger a Isis y a su hijo, quien estaba destinado a vengar a su padre. Tras su huida, Isis ocultó su divinidad adoptando la forma de una mujer corriente para evitar ser descubierta por los perros de caza de Seth.

Tras ser menospreciada por Usert, Isis se dirigió a una aldea detrás de la mansión en busca de ayuda, pero sus compañeros, los siete escorpiones, no le perdonaron el insulto.

Isis encontró refugio en la humilde casa de una pobre pescadora que solo tenía una cama de paja y comida sencilla que ofrecer. Fue más que suficiente para Isis y su bebé, y allí pasaron la noche, contentos.

Mientras tanto, los agraviados compañeros de Isis se reunieron aquella noche e idearon la venganza definitiva por el insulto de Usert. Uno tras otro, los escorpiones transfirieron todo su veneno a su líder Tefen y lo enviaron a la mansión.

Mientras la gente del pueblo dormía, Tefen se arrastró en plena noche y entró en la casa de Usert. El escorpión encontró al hijo de Usert profundamente dormido en su habitación y le picó con fuerza. A la mañana siguiente, Usert encontró a su hijo al borde de la muerte. Lo cogió y corrió a la ciudad, llorando y buscando ayuda.

Isis estaba cuidando a su bebé cuando oyó el alboroto. Se compadeció del niño moribundo y, cuando nadie pudo salvarlo de su sufrimiento, le ofreció ayuda.

El niño sufría mucho, pues el veneno de su cuerpo lo torturaba. Gritaba de agonía. Isis supo que era obra de sus escorpiones y cogió al niño en brazos. Llamó a cada escorpión por su nombre y neutralizó su veneno en el cuerpo del muchacho con sus potentes hechizos.

La diosa se reveló entonces a Usert, la que la había rechazado. También se reveló a la pescadora que le había mostrado su generosidad. A Usert le invadió la culpa y el remordimiento por no haber reconocido a Isis y haber sido tan poco acogedora. Dio las gracias a Isis por haber salvado a su hijo y entregó todas sus riquezas a la pobre pescadora como gesto de adoración. El mito de Isis y los Siete Escorpiones es popular en Egipto porque gira en torno a la bondad, la paciencia, la compasión y el perdón.

# Capítulo 14 - El príncipe y la esfinge

La historia del príncipe y la esfinge nos lleva a la dinastía XVIII, durante el reinado del faraón Amenhotep, bisnieto de Tutmosis III, que sucedió a la faraona Hatshepsut.

Amenhotep tuvo muchos hijos e hijas, pero nuestro protagonista es el favorito del rey, el príncipe Tutmosis (un Tutmosis diferente de los tres primeros anteriores a Hatshepsut). El príncipe era un joven atlético que tenía muchas habilidades. Era un gran cazador y luchador, un orador carismático, un experto jinete, un explorador de la vida salvaje y excelente en el arte del tiro con arco.

A pesar de su condición de príncipe y de ser querido por el faraón, Tutmosis tenía un problema: todos sus hermanos lo odiaban. Todos los días conspiraban contra el príncipe en un intento desesperado por disuadir al faraón de nombrarlo sucesor al trono de Egipto. Estas estratagemas hacían que Tutmosis pareciera indigno y cruel, y pronto se convirtieron en flagrantes atentados contra su vida. Sin embargo, nadie pareció darse cuenta. Ni su padre, el rey, ni su madre, la reina Tiaa.

El príncipe, preocupado, empezó a ser más reservado y a alejarse del faraón. En lugar de eso, añadió una habilidad más a su larga lista de capacidades: el arte de escabullirse de palacio disfrazado. Para poder hacerlo con la frecuencia que deseaba, el príncipe Tutmosis contó con la ayuda de algunos sirvientes de confianza. Muchas veces se escapaba de la corte real para cazar gacelas y bestias salvajes en el desierto. También añoraba la pintoresca vista de las pirámides de Saqqara y Guiza.

Durante las festividades o sesiones de la corte real en las que el faraón requería la asistencia de Tutmosis, este aparecía un minuto y desaparecía al siguiente.

Un día propicio, Egipto estaba de fiesta por la gran celebración del dios solar Ra. La celebración iba a tener lugar en Heliópolis, y todos los sirvientes del palacio tenían la tarea de prepararse para la ceremonia.

Con todos los demás distraídos, el príncipe Tutmosis vio la oportunidad perfecta para escabullirse del palacio en otra de sus cacerías. No podía permitirse que lo vieran, así que eligió a dos de sus sirvientes de mayor confianza para que lo acompañaran. Al amanecer, el príncipe y sus sirvientes tomaron la salida secreta y se dirigieron al desierto en su carro.

Trabajaron durante toda la mañana, pero no atraparon nada. Por la tarde, el infame y abrasador sol egipcio azotaba sus cuerpos con sus rayos. El príncipe Tutmosis y sus hombres cabalgaron rápidamente hacia el norte y se acercaron lentamente a las pirámides de Guiza.

Estas pirámides habían sido construidas por los grandes faraones de la dinastía IV (Keops, Kefrén y Micerino) más de mil años antes de que naciera el príncipe. Tutmosis quedó fascinado al verlas y anheló acercarse para rezar una oración a Harmajis, cuyo espíritu habitaba en una de las esfinges de Guiza. En el antiguo Egipto, una esfinge era venerada como manifestación de Horus y protectora de las tumbas reales.

**La Gran Esfinge de Guiza**
*https://commons.wikimedia.org/wiki/File:DSC_0088_Sphinx01.JPG*

El príncipe Tutmosis ordenó a sus sirvientes que esperaran a la sombra de las palmeras mientras él se dirigía en su carro hacia las pirámides. A medida que el sol brillaba más, las gigantescas esfinges centelleaban, y la pirámide de Kefrén parecía diferente de las demás. La cabeza de la esfinge estaba tallada a semejanza de Harmajis, y sobresalía del mar de arena que la rodeaba, mientras que el resto de la esfinge estaba enterrado bajo la arena.

Despreciando el intenso calor, el príncipe Tutmosis se arrodilló y rezó a la cabeza de esfinge con forma de Harmajis. Expuso todos sus problemas sobre cómo sus propios hermanos y hermanas iban tras su vida, y pidió ayuda divina.

Momentos después, el príncipe notó algo bastante espeluznante. Los ojos de la esfinge a la que rezaba se movieron. No podía creerlo, así que continuó rezando. Los ojos de la esfinge eran inanimados y de piedra. Tenía que estar todo en su cabeza, hasta que fue demasiado obvio para ignorarlo.

De repente, la tierra empezó a temblar alrededor de Tutmosis, y las arenas se movieron violentamente mientras la esfinge cobraba vida e intentaba en vano zafarse de la arena. El príncipe Tutmosis quedó deslumbrado por el espectáculo y retrocedió cuando la esfinge mística abrió la boca y habló con una gran voz:

«Mírame, Tutmosis, príncipe de Egipto, y sabe que soy Harmajis, tu padre, el padre de todos los faraones de las tierras altas y bajas. A ti te corresponde convertirte en faraón de verdad y llevar sobre tu cabeza la Doble Corona del Sur y del Norte...

Tutmosis, mi rostro está dirigido hacia ti, mi corazón se inclina hacia ti para traerte cosas buenas, tu espíritu estará envuelto en el mío. Pero mira cómo la arena se ha cerrado a mi alrededor por todos lados: me asfixia, me retiene, me oculta a tus ojos. Prométeme que harás todo lo que un buen hijo debe hacer por su padre; demuéstrame que en verdad eres mi hijo y que me ayudarás. Acércate a mí, y yo estaré siempre contigo, te guiaré y te engrandeceré».

A continuación, una luz cegadora dejó inconsciente al príncipe Tutmosis. Cuando volvió a abrir los ojos, la esfinge había vuelto a su estado anterior, sin vida, y seguía clavada en la arena.

El sol se estaba poniendo y proyectaba sus rayos sepia sobre la arena desde el cielo enrojecido, lo que significa que el príncipe llevaba fuera muchas horas. No obstante, era el acontecimiento más extraordinario que el príncipe Tutmosis había vivido nunca, y juró cumplir los deseos de Harmajis si algún día se convertía en faraón de Egipto.

> «¡Harmajis, padre mío! Te invoco a ti y a todos los dioses de Egipto para que sean testigos de mi juramento. Si llego a ser faraón, el primer acto de mi reinado será liberar esta tu imagen de la arena y construir un santuario para ti, y colocar en él una piedra que cuente en la sagrada escritura de Khem tu mandato y cómo lo cumplí».

Tras decir esto, Tutmosis montó en su carro y se dirigió a buscar a sus sirvientes, preocupados por su larga partida. Juntos, cabalgaron de vuelta al palacio de Menfis, con el príncipe vigorizado por su encuentro con lo divino.

Fiel a las palabras de Harmajis, Tutmosis fue declarado sucesor por su padre, Amenhotep. Los esfuerzos de sus hermanos reales por mancillarlo ante el faraón, la corte real y el pueblo de Egipto fracasaron.

Desde 1401 hasta 1397 a. C. aproximadamente, el príncipe gobernó Egipto como rey Tutmosis IV, el octavo faraón de la dinastía XVIII del antiguo Egipto.

Como faraón, Tutmosis IV cumplió su promesa a Harmajis. Hizo desenterrar de la arena la esfinge de la pirámide de Kefrén y construyó un santuario a sus pies. El mito del príncipe y la esfinge se documentó en jeroglíficos, grabados en una tablilla de granito rojo que se fijó a la esfinge.

Esta antigua tablilla se encontró hace solo doscientos años, y su autor no fue otro que el propio faraón Tutmosis.

# Capítulo 15- Las aventuras de Sinuhé

Seguro que recuerda la profecía de Neferti, que hablaba de un apocalipsis y de cómo la ascensión al trono egipcio de un visir llamado Amenemhat era la única forma de evitarlo.

Amenemhat se convirtió efectivamente en el faraón que fundó la dinastía XII de Egipto, pero su reinado no fue del todo pacífico. Durante muchas décadas, estuvo en peligro de ser derrocado, al igual que lo había sido el faraón que le precedió, Mentuhotep IV. El reinado del rey estuvo plagado de guerras civiles y disturbios que continuaron incluso después de que nombrara a su hijo, el príncipe Sesostris, siguiente en la línea de sucesión al trono.

Corrían tiempos delicados en Egipto, y la corte del rey apestaba a conspiraciones y rebeliones contra el faraón.

Nuestra historia comienza con el príncipe Sesostris, que se encontraba lejos, en el este, luchando contra unos invasores extranjeros, la tribu Temehu de Libia. El príncipe y su ejército salieron victoriosos y, tras una celebración, cabalgaron hacia Egipto con el botín de guerra. Entre sus estimados oficiales había un guerrero llamado Sinuhé, partidario incondicional del faraón Amenemhat. A mitad de camino hacia Egipto, el príncipe y sus hombres fueron recibidos por mensajeros del palacio del rey.

Nadie sabía qué noticias traían, pero Sinuhé tuvo la premonición de que se trataba del rey. Para averiguar la verdad, escuchó a escondidas la conversación del príncipe con los mensajeros. Efectivamente, el faraón Amenemhat había sido asesinado mientras dormía por uno de los muchos hombres que pretendían acabar con su vida, y el príncipe iba a ser nombrado nuevo rey en su lugar.

El príncipe se sintió afligido al enterarse del asesinato de su padre, pero Sinuhé estaba más asustado que apenado. Si el rey de Egipto había sido asesinado por rebeldes, el siguiente objetivo sería cualquiera que lo hubiera apoyado. Sinuhé también temía que el príncipe corriera peligro de ser asesinado. Sin duda, su reinado sería igual que el de su padre, si no peor.

Una búsqueda de supervivencia

Sinuhé se alejó del campamento del príncipe y se puso en marcha. Se escabulló del campamento militar al amparo de la noche y viajó a lo largo del Nilo hacia la ciudad de Heliópolis. Llegó a la frontera oriental de Egipto y avanzó hasta la estrecha franja de tierra entre el mar Mediterráneo y el mar Rojo llamada istmo de Suez. Desde allí se dirigió rápidamente al desierto del Sinaí, donde la sed pudo con él.

Sinuhé nunca había estado tan deshidratado en su vida. Tenía la garganta reseca y podía literalmente «saborear la muerte» en medio de su exilio autoimpuesto. Pronto se le entumecieron las manos y las rodillas, pero siguió arrastrándose desesperado por seguir vivo.

Entonces encontró su primer golpe de suerte: un campamento de nómadas asiáticos.

Sinuhé se desmayó de agotamiento, reconfortado por la esperanza de que los nómadas pudieran rescatarlo. Tras un largo y profundo sueño, despertó y se encontró limpio, tratado y alimentado con leche y agua. Resultó que los nómadas se dedicaban al comercio y al pastoreo de ganado en la zona del delta del Nilo, en Egipto, por lo que Sinuhé no pudo seguir con ellos.

Se dirigió a Siria y llegó a Biblos, el reino que había recibido a la diosa Isis cuando esta había ido a rescatar a su marido, Osiris. Sinuhé pasó algunas noches en Biblos, pero era una tierra amiga de los egipcios. No era su destino.

Finalmente, llegó a un reino llamado Retenu (también llamado Canaán) en el Líbano.

Un nuevo hogar

El rey de Retenu era Ammienshi, y a pesar de los estragos que el viaje de Sinuhé había causado en su aspecto, el rey podía decir que era un hombre importante de Egipto.

Dio la bienvenida a Sinuhé a Retenu y le ofreció un hogar entre los demás egipcios que vivían en el reino. Durante su conversación, el rey Ammienshi preguntó por qué Sinuhé había venido tan lejos de su hogar. Puede que el rey midiera así la clase de hombre que era. Sinuhé respondió contándole al rey el fallecimiento del faraón Amenemhat y que había huido de Egipto porque temía que estallara una guerra civil.

El rey Ammienshi estaba al corriente de la muerte del viejo faraón y de la ascensión del príncipe Sesostris I como nuevo rey de Egipto. Aseguró a Sinuhé que no se habían producido revueltas contra el reinado del nuevo faraón y pidió consejo a Sinuhé sobre si apoyar o no al nuevo faraón.

Sinuhé respondió diciendo palabras nobles sobre el nuevo faraón y rogando al rey Ammienshi que fuera leal. De ello dedujo el rey Ammienshi que Sinuhé era un hombre de paz y que no supondría ninguna amenaza para su reino. Sin embargo, Sinuhé también era un hombre de guerra, lo que significa que podría ser útil en el ámbito militar.

Por ello, el rey Ammienshi nombró a Sinuhé comandante de sus ejércitos y consintió su matrimonio con su primera hija. Esto elevó el estatus de Sinuhé en Retenu, y se le concedió una finca llamada Iaa, que tenía tierras ricas y fértiles para que florecieran los cultivos y el ganado.

Como comandante del ejército y jefe tribal, Sinuhé emprendió numerosas campañas militares para proteger Retenu de las invasiones extranjeras. Sus servicios agradaron tanto al rey Ammienshi que decidió nombrar a Sinuhé próximo rey de Retenu.

El duelo de campeones

El plan de sucesión del rey Ammienshi no sentó bien a algunos nobles y plebeyos de Retenu. Pensaban que el rey había pasado demasiados años compensando en exceso a un extranjero por sus servicios, y que el trono de Retenu era el lugar donde pondrían el límite.

Se rumoreaba que pronto soplaría un viento de rebelión por todo el palacio, y que sería encabezada por un héroe de guerra no revelado de Retenu. Incapaz de deshacerse de su ansiedad, el rey Ammienshi convocó a Sinuhé para una conversación privada. Le preguntó si conocía al hombre que planeaba la rebelión. Sinuhé respondió que no, pero eso cambiaría pronto.

Iba a haber un duelo entre él y el hombre que lo quería muerto. Este duelo iba a tener lugar en público y en presencia del rey. El héroe de guerra se revelaría y lucharía contra Sinuhé para determinar quién era el mejor.

El día del duelo, el pueblo de Retenu acudió al lugar del combate y muchos vitorearon a Sinuhé. No dudaban de su destreza en el tiro con arco y en la guerra de combate, y tenía todo lo necesario para vencer a su contrincante... hasta que descubrieron que el oponente de Sinuhé era un gigante.

La arena se quedó en silencio, boquiabierta ante el amenazador físico del gigante. Iba armado con flechas, un hacha de batalla gigantesca y jabalinas.

Algunos de los partidarios de Sinuhé dudaron y temieron que este combate fuera el último. La batalla empezó en serio y, como se temían, el gigante no fue pan comido Arremetió contra Sinuhé con todas las armas de su arsenal, y Sinuhé escapó de cada ataque por los pelos.

En el fragor de la batalla, Sinuhé eligió un momento oportuno para lanzar una jabalina contra su oponente. La jabalina atravesó el cuello del gigante, que se arrodilló y cayó muerto con un ruido sordo.

El júbilo estalló en la arena después de que Sinuhé cortara la cabeza de su oponente, y el rey se alegró de que su sucesor hubiera ganado la batalla. La noticia del duelo corrió por todo el reino, y la grandeza de Sinuhé aumentó. No se parecía a nada de lo que había sido antes. Sirvió al rey Ammienshi durante muchos años más y se convirtió en rey después de él.

<u>El regreso a casa</u>

«Vuelve a Egipto para contemplar de nuevo la tierra donde naciste y el palacio donde me serviste tan fielmente».

Sinuhé no pudo contener su felicidad al leer una carta del rey de Egipto. Había enviado una carta para pedir perdón y que se le permitiera visitar Egipto al menos una vez más antes de morir. Habían pasado muchos años desde que Sinuhé salió de Egipto, y ya no era tan joven como antes. En su vejez, anhelaba ir a Egipto y ver cómo era ahora su tierra natal.

No había esperado una invitación expresa para vivir el resto de sus días en Egipto, pero el faraón Sesostris I se lo había ofrecido amablemente. El autoexilio de Sinuhé había terminado y los peligros del pasado habían quedado atrás.

Sinuhé transfirió rápidamente el gobierno de Retenu a su hijo mayor y emprendió un largo viaje de regreso a Egipto. El rey y la familia real le dieron la bienvenida. Muchos de los cortesanos del rey no pudieron reconocerlo.

El faraón Sesostris I estaba encantado de reencontrarse con un viejo amigo. No le guardaba rencor y no mencionó nada del pasado. En lugar de ello, ordenó que Sinuhé se quitara sus ropas del desierto y se vistiera con linos finos. Debía acicalarse y alimentarse bien.

La historia termina con Sinuhé viviendo el resto de sus días como un querido amigo del rey. Este fugitivo perdido hacía mucho tiempo había encontrado el camino de vuelta a casa.

# TERCERA PARTE: DIOSES Y DIOSAS

# Capítulo 16 - Amón-Ra

Recordará de los mitos de la creación del antiguo Egipto que, en Heliópolis, el creador era Atum. Hermópolis, Menfis y Tebas nombraron finalmente a Amón como su dios creador principal. Atum y Amón son lo mismo; ambos son aspectos de Ra.

Típicamente, Amón era adorado como el sol de la mañana y Atum como la luz de la noche, pero las cosas eran ligeramente diferentes en los inicios de la historia egipcia.

En la era del imperio antiguo del antiguo Egipto, Amón-Ra era adorado como dos dioses diferentes. Amón era la deidad creadora que había formado el mundo a partir de la nada de Nun y había creado a los humanos para que habitaran la tierra. Ra era el dios del Sol que cabalgaba por el cielo en su barca de luz durante el día y descendía al inframundo para derrotar al monstruoso Apofis (Apep) por la noche.

En la tradición tebana, Amón solo era pareja de la mujer Amonet y miembro de la venerada Ogdóada. A diferencia de Ra, Amón era una forma espiritual y solo podía sentirse, no verse ni tocarse. Ra era el sol visible y el soldado de la tierra contra la oscuridad (Apofis o Apep).

Amón no se asoció con Ra, el dios del Sol, hasta el imperio nuevo. Esto pudo deberse a la unificación del Alto y Bajo Egipto y al traslado de la capital egipcia de Menfis, donde Ra era supremo, a Tebas, donde destacaba Amón.

El dios del Sol Ra se sincretizó con el dios creador Amón para convertirse en el poderoso Amón-Ra. Con ello, los atributos del dios creador del espíritu y los del dios del Sol se fusionaron en una única deidad universal.

### Amón-Ra: el creador

En la mitología egipcia, Amón no nació. Surgió de las aguas primordiales de Nun como un ser divino autocreado. Fue el primero en existir en la Tierra, y fue él quien inició la creación del mundo. La primera creación de Amón fue la de *heka*, la magia con la que creó el resto del mundo. En algunas tradiciones, Heka era un dios, pero en la mayoría, era la magia misma, igual que Amón-Ra era el sol mismo.

A continuación, Amón creó a sus primeros hijos, Shu y Tefnut, que poblaron la Tierra con su descendencia. Tras ellos, Amón creó a Maat, el orden del mundo. Se decía que Maat, como diosa, era hija de Ra, al igual que las diosas Hathor, Sekhmet y Bastet, que eran hermanas.

El Ojo de Ra es otro aspecto importante de Amón-Ra como dios creador. Es el aspecto femenino de Amón. En el mito de la creación de Heliópolis, el Ojo de Ra fue enviado en misión para encontrar a Shu y Tefnut cuando abandonaron su hogar. Con el tiempo, el Ojo de Ra se convirtió en algo más que una parte del cuerpo de Amón. La diosa Sekhmet (o Hathor) era llamada a menudo el Ojo de Ra, la temible mensajera de Amón-Ra que una vez destruyó el mundo como castigo por los pecados de la humanidad contra su creador.

La creación es el primer papel atribuido a Amón-Ra, y en los años que siguieron a la era primigenia, la influencia de Amón-Ra no haría sino ampliarse. En los textos egipcios antiguos, Amón-Ra, el dios creador, aparece representado como un dios con cabeza de halcón y un disco solar con forma de serpiente en la cabeza. También se lo representa en los mitos de la creación como un escarabajo llamado Jepri o como un joven que se cree que es Horus.

**Las formas de Ra: Jepri, el Ojo de Ra y el dios con cabeza de halcón**
*HarJIT. Derivado de archivos de Jeff Dahl, Rawpixel, Finn Bjørklid, Jasmina El Bouamraoui y Karabo Poppy Moletsane., CC BY-SA 4.0 https://creativecommons.org/licenses/by-sa/4.0 vía Wikimedia Commons; https://commons.wikimedia.org/wiki/File:Khepri_Re_Hypocephalus_Scene.svg*

## Amón-Ra: El dios del Sol

La representación más popular de Amón-Ra en la mitología egipcia era la del dios viajero del sol. Cuando se pusieron los cimientos de la tierra y Maat siguió su curso, el día se dividió de la noche, pero eso no ocurrió de repente.

De hecho, fueron necesarios los viajes eternos de Amón-Ra para crear los milagros del amanecer y el atardecer. El dios del Sol tenía un barco brillante (o barca) llamado Atet, y en él surcaba el cielo durante el día como el sol. Al atardecer, descendía por el horizonte occidental al inframundo (la Duat) durante doce horas, luchando contra los demonios, juzgando a las almas malvadas y reviviendo a los necesitados. En la duodécima hora, la barca del dios del Sol se elevaba por el este y el sol reaparecía.

En su representación como dios del Sol, Amón-Ra solía aparecer como un dios con cabeza de carnero y el disco solar puesto. También tenía compañeros en su barca, sobre todo Heka (en su forma de dios), Sia y Hu (dioses que representaban la Enéada divina). También se pueden encontrar pictóricas de dioses más populares como Seth y Hathor formando parte del séquito de Amón-Ra.

**Amón-Ra en su barca divina (Atet) en el inframundo**
*https://commons.wikimedia.org/wiki/File:Book_of_Gates_Barque_of_Ra.jpg*

A pesar de la supremacía de Amón-Ra en el panteón egipcio, sus viajes no eran fáciles. Cada día que descendía al inframundo, era desafiado por un enemigo infernal, Apofis (o Apep). Algunas versiones mitológicas afirman que Apofis atacó al dios del Sol mientras estaba en el inframundo, no cuando descendía a él. En cualquier caso, Amu-Ra luchaba cada día contra este monstruo y lo vencía.

A las puertas del inframundo, Amón-Ra sería recibido por su buen amigo, Osiris, el dios del inframundo. Algunas tradiciones egipcias fusionan abiertamente a Amón-Ra con Osiris, pero en general eran deidades separadas. Juntos, condenaban a las almas malvadas de los muertos a la versión egipcia del infierno y concedían a las almas buenas el paso al paraíso.

### Amón-Ra: padre y rey

Mucho antes de la era de los faraones, los dioses gobernaban la tierra. Según el sagrado *Libro de la Vaca Sagrada*, el primer rey de la tierra fue Ra. Acababa de terminar su gran obra de creación y era el rey de la humanidad, hasta que esta empezó a rebelarse contra él.

En los acontecimientos que siguieron, Ra se retiró al cielo y creó el Campo de Juncos, la versión egipcia del cielo, para su morada. También fundó Maat y ordenó a la humanidad que lo defendiera con su vida.

Como creador de toda la vida y primero en divinidad, todos los demás dioses y diosas eran descendientes de Ra. Aparte de la asociación de Amón y Ra, que dio lugar a la aparición de Amón-Ra, o Atum y Ra, que se convirtió en Atum Ra, hubo otras. Estaba la fusión de Ra con Horus, el dios con cabeza de halcón. Algunas representaciones de Amón-Ra son como un dios con cabeza de halcón. La relación entre los dos dioses comenzó en la creación, cuando Horus fue representado en algunos relatos mitológicos como un aspecto de Amón. El sincretismo entre Amón-Ra y Horus se denominó Ra-Horajty.

Estas asociaciones y su papel en la creación de otras deidades entronizaron a Amón-Ra como padre y rey de todos los dioses. Naturalmente, esto se extendía a los mortales. Los faraones de la dinastía IV del imperio antiguo se llamaban a sí mismos «hijos de Ra». A partir de entonces, los reyes de Egipto se asociaron con Ra como sus hijos y representantes divinos en la Tierra, por lo que eran venerados por el pueblo. También se rumoreaba que habían construido sus pirámides alineadas con el sol como acto de adoración.

El culto a Amón-Ra en el Egipto dinástico comenzó en Heliópolis. En la dinastía II, se había extendido a todo el país y se le atribuyó el título de dios del Sol. Era el creador, el sol y el dios del Sol. En la dinastía V, los faraones empezaron a construir templos de Ra, conocidos como templos solares.

Userkaf, el fundador de la dinastía V del antiguo Egipto, fue el primero en encargar un templo solar en las llanuras cercanas a Abu Gorab. El templo solar se llamó Nekhen-Ra, que significa «Fortaleza de Ra», y sus restos fueron desenterrados a principios de la década de 1840.

Otros seis templos solares serían construidos por el faraón Sahure, el faraón Neferirkare Kakai, el faraón Neferefre, el faraón Shepseskare, el faraón Nyuserre Ini y el faraón Menkauthor Kaiu, todos ellos durante la dinastía V.

El festival de Opet era la mayor celebración de Amón en el antiguo Egipto. Alcanzó su apogeo en la época del imperio nuevo, alrededor del año 1539 a. C., en Tebas. Comenzaba el decimoquinto día de la primera estación del año, Akhet (o estación de la Inundación), y se celebraba durante once días durante el reinado del faraón Tutmosis III. Se convirtió en veinticuatro días cuando Ramsés III estaba en el trono, y poco después, llegó a durar veintisiete días.

El faraón era la figura más importante de esta celebración, ya que era el máximo profeta de Amón en toda la tierra. El festival de Opet era el momento de legitimar su reinado y su condición de rey de Egipto ante su pueblo. El faraón sería investido con el poder de Amón y, como signo de la bendición del dios, las tierras de Egipto serían fértiles.

Como parte de los ritos del festival, una colorida procesión de sacerdotes llevaría la estatua sagrada de Amón en una barcaza de madera recubierta de oro desde el templo de Karnak hasta el de Lúxor. La gente acudía en masa a las calles para ver la procesión, anticipando la abundancia de pan y vino que pronto llegaría. También esperaban sus consultas con Amón a través de sus sacerdotes para obtener respuestas a los problemas de la vida.

En Lúxor, el faraón entraba en la sala más interior del templo para el ritual de transferencia de poder y rejuvenecimiento. Después, la procesión devolvía la estatua a Karnak.

Amón-Ra tenía su propia fiesta en Egipto como deidad nacional. Aparecía en todos los mitos y libros sagrados egipcios, y sus hijos e hijas, tanto mortales como inmortales, vivían a su servicio.

La eminencia de Amón-Ra permaneció incontestada durante todo el imperio antiguo y nuevo del antiguo Egipto, e incluso más allá. Era imposible desbancar al dios que hacía surgir cada nuevo día y creaba todo en el mundo.

# Capítulo 17 - Isis, Osiris y Horus

Seguramente recuerda a estos tres del famoso Mito de Osiris y de cómo su influencia se extendió desde el imperio antiguo hasta las épocas posteriores. Isis y Osiris fueron los primeros hermanos. Eran hijos del dios Geb y de la diosa Nut (que también eran hermanos). También eran bisnietos del dios creador Atum, al menos según el mito de la creación de Heliópolis, y se convirtieron en el rey y la reina de Egipto.

Isis: Diosa de la curación y la magia

Alabada como una de las principales diosas del panteón egipcio, Isis aparece por primera vez en los textos del imperio antiguo como protagonista del famoso mito de Osiris. Se enamoró de su hermano Osiris desde el vientre materno y se casó con él. Juntos gobernaron Egipto como rey y reina.

Isis nació de Geb y Nut, junto con sus otros cuatro (a veces tres) hermanos, todos ellos dotados de poderes divinos. En los mitos de Osiris y de Isis y los siete escorpiones, Isis utiliza sus poderes mágicos para curar a su marido y a un niño moribundo, respectivamente.

Su nombre jeroglífico se traduce a menudo como «trono» o «reina del trono», por lo que se la consideraba la madre de todos los faraones. Isis es representada como una hermosa mujer de pelo negro con cuernos de vaca en la cabeza. Lleva un vestido rojo y sostiene un *anj* y un bastón. Sus símbolos son el *tyet* (también conocido como el nudo o cinturón de Isis), la luna y los discos solares, y los sicomoros. También se la representa como una figura majestuosa con las alas extendidas o como un escorpión.

Isis, la diosa de la curación
*Jeff Dahl, CC BY-SA 4.0 https://creativecommons.org/licenses/by-sa/4.0 vía Wikimedia Commons; https://commons.wikimedia.org/wiki/File:Isis.svg*

El *tyet* es el símbolo más destacado de Isis, y representa la vida y el bienestar. La diosa Isis no figuraba entre los dioses y diosas egipcios de la creación, pero su estatus creció con el tiempo. En la época romana, el culto a Isis había alcanzado su apogeo. Se la honraba como reina, sanadora, plañidera, madre, esposa y protectora.

Como esposa de Osiris, Isis mostró un gran apoyo a su marido antes de que se convirtiera en el dios del inframundo. Cuando Seth persiguió a Osiris y lo mató más de una vez, Isis nunca lo abandonó. Lo rescató y lo curó con sus poderes mágicos, incluso cuando su cuerpo estaba mutilado. Isis pronto se convirtió en un modelo de mujer egipcia virtuosa. Era devota y fiel a su marido, sin importar las circunstancias.

El hijo de Isis, Horus, se asoció con los faraones de Egipto, lo que hizo que Isis se convirtiera en la reina madre de todos los reyes de Egipto. Se convirtió en una importante divinidad de protección, alimento y compañía para los faraones a partir de la dinastía V.

Además de su importancia real, la diosa Isis era venerada como protectora de mujeres y niños. Durante su reinado con Osiris, Isis enseñaba a las mujeres egipcias a cocinar, tejer y hacer vino. Esto hizo que las mujeres se encariñaran con Isis y le rezaran por la conservación de sus matrimonios e hijos. Como muestra el mito de Isis y los siete escorpiones, Isis sentía debilidad por los niños. También protegió a su propio hijo Horus de la ira de Seth hasta que tuvo edad suficiente para vengar a su padre.

Otro aspecto importante de Isis era su poder de curación. En la mitología egipcia, resucitó a Osiris en dos ocasiones y curó al hijo pequeño de Usert, lo que le valió un lugar destacado en los asuntos místicos del antiguo Egipto. Un antiguo libro egipcio de hechizos cuenta la historia de Isis curando al dios del Sol de una herida de mordedura de serpiente a cambio del conocimiento de su «verdadero nombre secreto». Se cree que este nombre secreto de Ra conlleva un poder inconmensurable, y la posesión del mismo por parte de Isis fue lo que la convirtió en la sanadora mágica más poderosa del mundo.

En el mito de Osiris, Isis restauró con dolor el cuerpo roto del rey y le ayudó en su transición al más allá como dios del inframundo. Este acto convirtió a Isis en una venerada plañidera y guía a la otra vida. Durante los ritos funerarios, se invocaba a Isis para sanar al difunto y preservar su alma en la otra vida.

A pesar de su fama en todo Egipto, no se construyó el primer templo de Isis hasta principios o mediados del año 300 a. C., durante el reinado de faraón. Esto ocurrió durante el reinado del faraón Nectanebo II, el último gobernante nativo de Egipto. Los faraones macedonios que gobernaron Egipto posteriormente continuaron con el legado, erigiendo más estructuras para el culto a Isis por todo el país.

Esto hizo que el culto a Isis, que ya existía en la dinastía V, se extendiera por todo el Mediterráneo. Los marineros extranjeros empezaron a venerar a Isis como su protectora en el mar, y su fama pronto llegó a las costas de Roma, Grecia y otras partes de Asia Menor. Los viajeros y mercaderes que se unieron al culto de Isis difundieron su culto en las ciudades y reinos de Oriente Próximo, incluido Irán.

Isis tardó mucho tiempo en ser venerada de forma independiente dentro y fuera de Egipto y Nubia, pero los atributos de su cuidado, empatía y compasión pronto atrajeron a miles de hombres, mujeres y niños a arrodillarse a sus pies.

<u>Osiris: El dios del inframundo</u>

Cuando Osiris nació de sus padres, Geb y Nut, estaba predestinado a la grandeza. No solo era el primogénito y el heredero al trono del Egipto predinástico, sino que un épico enfrentamiento con su hermano cambiaría el curso de su vida para toda la eternidad.

El nombre de Osiris tiene una etimología muy debatida. Aunque comúnmente se acepta que el nombre «Osiris» es la traducción latina del nombre egipcio Asar, existen muchos significados del propio nombre, entre ellos «el que lleva el ojo (de Ra)», «el Poderoso», «el Hermoso» y «el Creado».

Se puede encontrar representaciones de Osiris como un hombre de piel verde (como su padre Geb) con barba. Lleva una larga corona de plumas de avestruz llamada *Atef* y sostiene el báculo real y el mayal. En lugar de un manto real, la parte inferior de su torso está envuelta como una momia. En algunas representaciones tiene la piel negra en lugar de verde, en representación de las fértiles marismas del río Nilo.

Osiris era el dios de la vida y el dios de la muerte. También era el dios del más allá, ya que era el juez de los muertos y el dios de la resurrección. Estos aspectos, bastante contrastados, aluden a su trayectoria como rey terrenal y cómo fue renaciendo a un reinado del inframundo.

Todo está en el legendario mito de Osiris.

Durante su reinado en Egipto, Osiris fue amado por su pueblo por traer paz y prosperidad al reino. Como dios de la fertilidad y la agricultura, enseñó a su pueblo a cultivar la tierra y cosechar alimentos para su supervivencia. Con su esposa y hermana Isis, Osiris gobernó Egipto con una sabiduría incomparable, para envidia de su hermano Seth, que acabó asesinándolo dos veces.

Tras ser resucitado por su esposa, Osiris asumió su trono en el inframundo como juez de los muertos. Su muerte y resurrección fueron el amanecer de una nueva era de culto, que trascendería el Egipto predinástico.

En consonancia con sus papeles contrapuestos de rey terrenal y rey del inframundo, Osiris es representado a la vez como un dios bondadoso y generoso, y como una deidad temible que dirigía a los demonios del inframundo. También tenía el poder de decidir si un alma vivía en el más allá o era destruida.

Como figura importante en la otra vida, el culto a Osiris se extendió desde alrededor del año 6000 a. C. hasta la dinastía ptolemaica (323 a. C.- 30 a. C.). Se celebraban festivales anuales para conmemorar su muerte y resurrección, y una ciudad del Alto Egipto llamada Abidos se convirtió en el centro del culto a Osiris.

Durante las fiestas, la gente representaba obras de teatro en las que se contaba la historia del asesinato y desmembramiento de Osiris, cómo Isis lo revivió y le ayudó a pasar a la otra vida, y la venganza de Horus. También construían en sus granjas caballones llamados «camas de Osiris» y plantaban semillas de grano. La germinación de estas semillas simbolizaba la resurrección de Osiris y se anunciaba con júbilo. En las paredes de la tumba del faraón Tutankamón se esculpieron relieves de esta fiesta.

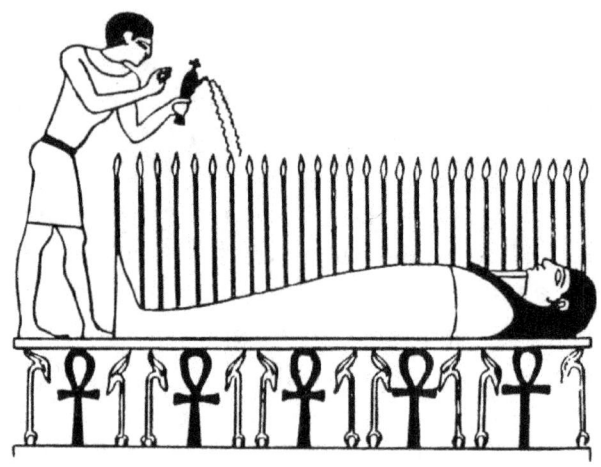

**La «cama de Osiris»**
https://commons.wikimedia.org/wiki/File:Osiris_Philae.jpg

En la dinastía XII, cada año se celebraba un ritual funerario de cinco días en Abidos, el centro de culto a Osiris. Los acontecimientos de cada día se esbozaban en la estela de Ikhernofret, una losa de piedra en el templo de Osiris. El primer día se celebraba una procesión encabezada por el dios Wepwawet, el Abridor de Caminos. En ese momento, el pueblo representaba una batalla en la que Osiris triunfaba sobre sus enemigos. El segundo día era la Gran Procesión de Osiris. Una estatua de Osiris (que representaba su cuerpo) era trasladada en barca desde el templo hasta su tumba. El tercer día, el pueblo lloraba la muerte de Osiris, y el cuarto día, el pueblo rezaba mientras se celebraban los ritos funerarios. Al quinto día, el pueblo egipcio celebraba el renacimiento de Osiris al amanecer y trasladaba la estatua de vuelta al templo. Esto representaba que Osiris se convertía en soberano del inframundo y restauraba a Maat.

El autor griego Plutarco hace una observación diferente de las fiestas de Osiris. Las describe como más sombrías y solemnes, a menudo restringidas al recinto del templo. También habla de rituales de arcilla realizados por los sacerdotes de Osiris. Se trataba de mezclar tierra fértil con agua en pequeños cofres dorados y moldear figuras en forma de media luna que representaban a Osiris e Isis. Otros relatos describen la cocción de pan y pasteles divinos de trigo cultivado en los templos de Osiris.

Los antiguos egipcios creían que, tras la muerte, toda persona cualificada para la otra vida sería recibida por Osiris. En caso contrario, el alma era condenada a ser devorada por el demonio Ammit o arrojada a un lago de fuego.

Osiris mantuvo su influencia en el ámbito religioso del antiguo Egipto hasta bien entrado el periodo helenístico (c. 323 a. C.). Esta época fusionó a Osiris con un dios griego llamado Serapis, y se construyeron templos para sus cultos en Menfis y File.

## Horus: Dios del Cielo

Es posible que haya visto imágenes o representaciones de un dios con cabeza de halcón del antiguo Egipto. Se llama Horus y es hijo del dios Osiris y de la diosa Isis. Horus no solo era miembro de la amada trinidad del antiguo Egipto, sino que también era adorado como el «faraón de todos los faraones».

Horus tuvo una infancia inusual. Nació de una madre que huía de un hombre que había matado a su padre y le había arrebatado su primogenitura. Esto determinó la naturaleza de la educación de Horus. Vivió su infancia en los pantanos del delta del Nilo, escondiéndose de su tío. Por eso muchas figurillas ptolemaicas de Horus de niño son un joven con un dedo en los labios, indicativo de silencio. Bajo la protección de su madre, Horus fue entrenado en el arte de la magia, y su padre, que había pasado al inframundo, le enseñó el arte de la guerra.

El hombre que había perturbado a su familia no era otro que su tío Seth, y el destino de Horus era destruir a Seth y salvar a Egipto de un reinado caótico. Tras años de lucha contra Seth, Horus salió victorioso y recuperó el trono de Egipto. A partir de entonces, la fama de Horus se extendió y convirtió en adoradores a muchos hombres y mujeres de toda la tierra y de las generaciones venideras.

El símbolo de Horus es un halcón, y se cree que el Ojo de Horus significa buena salud, curación y protección. El Ojo de Horus tiene su origen en una versión de su conflicto con Seth, en el que el ojo de Horus fue arrancado en el fragor de la batalla. El ojo de Horus sanó tras el encuentro y se lo ofreció a su padre, Osiris, como recuerdo para la otra vida. Algunas tradiciones del antiguo Egipto utilizaban indistintamente el Ojo de Horus y el Ojo de Ra, ya que Horus era el vástago del dios del Sol.

**Horus saliendo de una flor de loto como hijo de Ra**
*Autor desconocido, CC0, vía Wikimedia Commons;*
*https://commons.wikimedia.org/wiki/File:The_Sacred_Books_and_Early_Literature_of_the_East,_vol._2,_pg._272-273,_Horus.jpg*

Horus era adorado como el dios del cielo, cuyo ojo derecho era el sol y el izquierdo la luna. También era el halcón que se elevaba en el cielo, lo que representaba su condición de «el que está arriba» o su realeza. Esto explica por qué Horus estaba asociado a la realeza, y todos los faraones del Egipto dinástico se llamaban a sí mismos con orgullo descendientes de Horus. Se asociaban a él en vida y, en la muerte, a Osiris.

Los cultos a Horus surgieron en Edfu y Nekhen, la capital del Alto Egipto en el Egipto predinástico. Sus templos eran bellos edificios con patios, lagos y jardines. Aunque solo los sacerdotes podían entrar en las salas más recónditas que albergaban las estatuas de Horus, gente de todo Egipto acudían a los templos para ofrecer plegarias, dar y recibir limosnas y recibir interpretaciones de sueños y signos.

El festival de la Victoria era la celebración más importante dedicada a Horus. Era un colorido acontecimiento que se celebraba en el mes de *Meshir*, el segundo mes de la estación de la Emergencia (el sexto mes en el antiguo calendario egipcio). El pueblo se reunía en el templo de Horus en Edfu y comenzaba las festividades con un drama que representaba el triunfo de Horus sobre su malvado tío Seth. El faraón interpretaba el papel de Horus y luchaba contra un hipopótamo, que representaba a Seth.

Si el faraón mataba al hipopótamo, sería respetado por el pueblo como legítimo propietario del trono. Si el rey no podía asistir al festival en persona, podía asignar a un sacerdote para que desempeñara el papel. Era importante montar un espectáculo encantador y mostrar el poder de Horus y su supremacía sobre Seth.

El nombre «Horus» es posiblemente el nombre del quinto hijo de Geb y Nut. Esta variante de Horus es conocida como Horus el Viejo por aquellas tradiciones que creen en su existencia. Horus el Viejo era hermano de Osiris, Isis, Seth y Neftis. Otras antiguas tradiciones egipcias nombran a Hathor como la madre de Horus el Viejo y afirman además que era el dios halcón y el «Lejano». Era un mensajero de Ra para guiar a los humanos y consolarlos hasta que se transformó en el hijo de Osiris e Isis como Horus el Joven.

En el Egipto grecorromano, Horus se convirtió en el equivalente del dios griego Apolo, y Edfu, la ciudad de Horus, pasó a llamarse Apollinopolis (la ciudad de Apolo).

# Capítulo 18 - Seth y Neftis

Al igual que Osiris e Isis, el dios del caos Seth y la diosa de la muerte Neftis eran hermanos que se casaron. Esta pareja desempeñó papeles vitales en el mito de Osiris y, al final, resultó ser una pareja de lo más improbable. ¿Estuvieron enamorados? ¿Qué ocurrió con su matrimonio en el curso de los acontecimientos que involucraron a sus otros hermanos? ¿Qué lugar ocupaban en el panteón egipcio?

Estamos a punto de descubrirlo.

Seth: El dios del caos

Todo lo que hay que saber sobre este dios del antiguo Egipto está en su nombre. Cada vez que se producía una tormenta o un violento terremoto, los habitantes del antiguo Egipto murmuraban entre sí que se trataba de Seth. Representaba todo lo ajeno o perturbador del orden, y era el villano en casi todas las historias de las que formaba parte.

Seth, dios del caos

*Jeff Dahl (talk - contribs), CC BY-SA 4.0 https://creativecommons.org/licenses/by-sa/4.0 vía Wikimedia Commons; https://commons.wikimedia.org/wiki/File:Seth.svg*

Seth nació de Geb y Nut, junto con otros tres (o cuatro), y los mitos coinciden en que era un alborotador desde su nacimiento. Incluso se dice que fue arrancado del vientre de su madre. Geb y Nut debieron de sospechar que su nuevo hijo haría grandes y terribles cosas.

Su infancia transcurrió en el Egipto predinástico, y un día, sus padres anunciaron a Osiris como príncipe heredero de Egipto. Como Osiris era el primogénito, era el primero en la línea, con Seth detrás de él. Esto provocó la envidia de Seth, pero poco se podía hacer en aquel momento. Era el orden natural de todos modos, y su padre Geb iba a estar por un tiempo.

No pasó mucho tiempo hasta que Geb abdicó del trono de Egipto y se lo cedió a Osiris. El joven rey tenía muchas ideas brillantes para hacer prosperar la tierra bajo su reinado, y allí estaba Seth, que era incapaz de sofocar su creciente amargura y sus celos. Mientras Osiris tomaba a Isis por esposa, Seth pedía la mano de Neftis.

Con esto, Seth y Neftis se casaron, pero poco se sabe de su historia de amor o si siquiera existió. Por el contrario, la unión de Seth y Neftis ha sido descrita como sin amor e infeliz, mientras que la de Osiris e Isis floreció. Esto no ayudó a Seth a sentir más amor hacia su hermano, que ahora era el rey. Desde las sombras, Seth observó cómo su hermano mayor transformaba Egipto y llevaba al pueblo el conocimiento de la agricultura, las artes y la civilidad. La reina también fue amada por el pueblo por enseñar a las mujeres el arte de tejer, hornear y hacer vino.

Durante todo este tiempo, Seth deseó el trono, y cada vez le resultaba más difícil convencer a la gente de que se opusiera a su hermano. Finalmente, consiguió formar un pequeño grupo de traidores, pero su influencia colectiva apenas fue suficiente para derrocar a Osiris.

A medida que pasaban los años, Seth se revolcaba en su desesperación por alterar el orden sucesorio de Egipto.

Debió de ser un largo día conspirando contra Osiris y fracasando lamentablemente. Seth regresó a casa con noticias más exasperantes. Osiris se había acostado con su esposa Neftis, y el joven Anubis, a quien Seth había tomado por su propio hijo, era en realidad hijo de Osiris.

La noticia de que había sido engañado por el rey empujó a Seth aún más a las profundidades ardientes de su ira y odio. Seth irrumpió en el palacio y se enfrentó al rey por el escándalo con su esposa. Osiris se sorprendió al oír hablar de Anubis, pero tenía una explicación sobre la noche con Neftis. En realidad, Neftis había engañado al rey para que se acostara con ella disfrazándose de la reina Isis aquella noche. Osiris se arrepintió del incidente y se disculpó ante Seth.

Seth se tomó las palabras del rey con reservas. Ahora tenía más razones para odiar a Osiris y, tal y como estaban las cosas, matar al rey era la única forma de hacerse con el trono. Después de todo, la reina Isis aún no había dado a luz a un heredero.

Al regresar a casa, Seth encontró a Anubis esperándolo para darle la bienvenida. Todo en el niño le recordaba a Osiris y Neftis. Le recordaba a la traición. Esa noche, Seth rechazó a Anubis y lo desterró de su vista. Ya no volvería a tratar a Anubis como su hijo. Fue el primer acto real de Seth como dios del caos y la violencia.

A continuación, conjuró otro malvado plan para deshacerse del rey, y por primera vez, Seth logró su objetivo. Atrapó a Osiris en un ataúd y lo sumergió en el río Nilo. También tomó a sus seguidores e invadió el palacio de Egipto, obligando a la reina Isis a huir para salvar su vida.

Seth tomó la corona de Egipto y se la puso en la cabeza. Su reinado estuvo marcado por la crueldad y el terror, y el otrora pacífico y próspero Egipto se convirtió en una zona de guerra. Seth disfrutó cada momento. No se parecía en nada a su hermano, y poco le importaba el amor o la adoración del pueblo cuando en su lugar podían temer y temblar ante él.

El rey Seth tomó tantas concubinas como pudo puesto que la reina Neftis lo había traicionado, y disfrutó de su oscuro reinado durante algún tiempo. Excepto que, un día, las malas noticias llamaron a su puerta.

Isis había encontrado a su marido. Lo había devuelto a la vida, ¡y estaba embarazada de un heredero! Seth estaba enloquecido por lo que era un doble desastre, y no podía permitirse ni un momento de inacción. Partió inmediatamente en busca de su hermano y lo encontró recuperándose en los pantanos del Nilo. Seth volvió a asesinar a Osiris, y esta vez iba a hacer imposible que Osiris se recuperara.

Desmembró el cadáver de Osiris en catorce pedazos y enterró cada parte lejos de la otra. También encontró a Isis y la encarceló para que corriera la misma suerte que su marido.

Seth no sabía que se le había acabado la suerte.

Antes de que pudiera dañar a Isis, ella escapó de su cautiverio y continuó la búsqueda de las partes del cuerpo de su marido. Peor aún, Isis estaba siendo ayudada por la esposa de Seth, Neftis, y Anubis, a quien Seth había repudiado.

Con el nacimiento de Horus, el hijo de Osiris, Seth podía sentir que el final de su reinado lo acechaba, pero haría todo lo posible por evitarlo, aunque eso significara matar a su sobrino.

La historia de Seth no estaría completa sin su épica batalla contra su sobrino Horus. Fue la batalla más importante del Egipto predinástico, y sin duda una batalla para la posteridad. Ya se conocen los antecedentes, pero el desarrollo de la guerra, descrito en un antiguo mito titulado «Las contiendas de Horus y Seth», ofrece detalles más sangrientos.

Todo comenzó con Horus y Seth embarcándose en tareas extremas para competir. El premio era el trono de Egipto, por lo que tanto Horus como Seth eran despiadados en sus empeños. Al final de cada misión, ninguno estaba dispuesto a ceder ante el otro. Seth era el dios del caos, y la fuerza bruta era una de sus habilidades. Horus era su igual, ya que había sido entrenado por su padre, Osiris, que se había convertido en rey del inframundo tras ser asesinado por segunda vez. Horus también era un maestro hechicero. Aprendió estas habilidades de su madre, Isis.

Su competencia pronto se intensificó hasta convertirse en asaltos abiertos y batallas destructivas, lo que provocó la preocupación de los demás dioses y diosas del antiguo Egipto. Esto condujo a un congreso presidido por la Enéada (nueve dioses) de Heliópolis para determinar el legítimo propietario del trono de Egipto. Según algunos relatos, el consejo fue incapaz de llegar a un consenso, y las desavenencias entre Horus y Seth se prolongaron dolorosamente durante ochenta años. Horus y Seth se desgarraron mutuamente, y Seth utilizó todos los trucos que tenía en su malvado libro, incluyendo la mutilación de los ojos de Horus y el intento de profanarlo sexualmente. Horus recuperó sus ojos y, según algunos relatos, atrapó el semen de Seth en sus manos y le arrancó los testículos para vengarse.

Al final, Horus salió victorioso, mientras que Seth tuvo una vergonzosa salida del trono de Egipto. Pero, ¿fue este el final del camino para Seth?

Dado el papel de villano de Seth en la mitología egipcia, especialmente en las historias de Osiris y Horus, cabría esperar que Seth recibiera un trato similar al de Apofis (o Apep), la odiada serpiente maligna que desafió al dios del Sol Ra.

A pesar de su naturaleza oscura, Seth tenía un lado sorprendentemente positivo. Formaba parte del séquito que viajaba con Ra de ida y vuelta al inframundo todos los días. Este giro épico le valió un lugar en el corazón de la gente, por lo que adoraron a Seth. Algunos historiadores incluso sostienen que Seth era un dios totalmente tergiversado y que puede que no fuera tan malvado después de todo.

Como atisbo del lado bueno del dios del caos, tenemos la barca de Ra: la embarcación divina que surca el cielo durante el día y desciende al inframundo por la noche. También sirve como barco de guerra para el encuentro del dios del Sol con el temible Apofis.

Seth iba casi siempre en esta barca porque ningún otro dios podía ocupar el lugar del «protector de Ra». También era conocido por matar a Apofis en muchas ocasiones y rescatar al dios del Sol cada vez que este quedaba hipnotizado por la serpiente. Apofis encontró un feroz oponente en Seth, ya que ambos eran maestros del engaño y compartían una espantosa sed de ganar batallas.

**Seth luchando contra Apofis para proteger al dios del Sol Ra**
*https://commons.wikimedia.org/wiki/File:Seth_speared_Apep.jpg*

Como guerrero y defensor, se creía que Seth también fortalecía a los peregrinos en su viaje al más allá. Resulta que Seth trabajaba con Horus para guiar las almas de los difuntos al más allá, lo que constituye otro aspecto completamente irónico de su ser. Es importante saber que, cronológicamente, primero apareció el aspecto positivo de Seth. Primero fue venerado como el «protector de Ra» y, en algunas tradiciones, como el dios del amor. Era un dios-héroe.

El culto a Seth y sus templos de Avaris y Ombus eran muy frecuentados por la población del Alto Egipto. Fue muy venerado y popularizado por el faraón de la dinastía XIX Seti I (que llevaba el nombre de Seth) y su sucesor Ramsés II. Se asociaban abiertamente con Seth como su padre y protector. En sus templos, solo los sacerdotes de Seth podían estar cerca de sus estatuas o entrar en las salas interiores. Los demás solo podían rezar en las partes exteriores del templo, y los sacerdotes eran designados para ayudar al pueblo con ofrendas, oraciones, bodas, funerales o consultas.

Poco después del reinado de Ramsés II, especialmente con la incursión de extranjeros en Egipto, la reputación de Seth se transformó radicalmente. Se hizo más hincapié en su papel en la muerte de Osiris y en su malvado mandato como rey de Egipto, lo que condujo a la demonización gradual de un dios antaño muy querido.

A finales del imperio nuevo, Seth se convirtió en el dios de los extranjeros, del desierto y del caos. Se asoció con extranjeros agresivos de Asia Menor que invadieron Egipto e impusieron su dominio por poderes. El equivalente griego de Seth era Tifón, una horrible bestia maligna que luchó contra Zeus por el control del universo, pero fue derrotado y encerrado en el Tártaro para siempre.

Curiosamente, la demonización de Seth no puso fin a su culto. En lugar de odiarlo, los habitantes del antiguo Egipto rezaban a Seth para alejar el mal, especialmente en la otra vida. Como había sido protector de Ra, rezaban fervientemente por su protección.

Otra perspectiva de esta reacción era la creencia de los egipcios en Maat. Para que el orden existiera y fuera apreciado, tenía que haber desorden. Para que la paz fuera valorada, tenía que haber caos. Seth existía para equilibrar la balanza de la armonía en el mundo; de lo contrario, la vida no tendría sentido.

Simbólicamente, Seth tenía muchas formas, posiblemente debido a su naturaleza contrastada. En algunos documentos se lo representa como un hombre musculoso de piel morena y cabeza de animal compuesto, y en otros como una bestia de cola bífida y pelo rojo.

El dios del caos conservó su influencia mucho más allá de la época en la que fue demonizado, lo que lo distingue de la liga de villanos de la mitología egipcia.

Neftis: La diosa de la muerte y la oscuridad

Más allá del mito de Osiris, la diosa Neftis no aparece mucho. Sin embargo, formaba parte de la Enéada y sus acciones, aunque hoy parezcan insignificantes desde fuera, afectaron en gran medida al curso de los acontecimientos en su familia, en la mitología egipcia e incluso en la historia.

Neftis era hija de Geb y Nut. Al igual que Seth, debió de encontrarse siempre a la sombra de su famosa hermana Isis. Podía identificarse con lo que Seth sentía por Osiris, y puede que esa fuera la atracción. Se dice que su matrimonio con Seth no fue feliz, sobre todo porque ella deseaba secretamente a Osiris.

No se sabe si su deseo por Osiris tenía algo que ver con el hecho de que ella quería lo que Isis tenía o si era solo lujuria. Sin embargo, sabemos que Neftis estaba decidida a hacer que Osiris se fijara en ella. Neftis sabía que Osiris solo tenía ojos para su reina, lo que significa que solo había una manera de seducirlo.

Aquella noche, Neftis adoptó un disfraz infalible y se presentó ante Osiris a semejanza exacta de su amada reina. Osiris no tenía motivos para sospechar que se trataba de Neftis disfrazada, así que se acostó con ella. El siniestro plan de Neftis tuvo éxito. Volvió a casa con Seth, que había estado demasiado ocupado con sus afanes como para notar su ausencia.

Con el tiempo, Neftis se dio cuenta de que sus acciones habían proporcionado a Seth la justificación que tanto necesitaba para dañar al rey Osiris. Seth también descubrió que su hijo, Anubis, se había formado después de que ella se acostara con Osiris, y expulsó cruelmente al niño de su casa. Esto marcó un punto de inflexión en la historia de Neftis, ya que sus acciones reflejaron a partir de entonces remordimiento por el daño que había causado.

Después de que Seth matara a Osiris tan brutalmente, Neftis ayudó a su hermana Isis a encontrar las partes del cuerpo del rey. Buscaron durante mucho tiempo, y contaron con la ayuda de Anubis. Después de que las hermanas encontraran las partes, Neftis se quedó para ayudar a revivir a Osiris. También se quedó para ayudar a amamantar al joven Horus después de que naciera. Él crecería para llevar a su marido a su perdición.

Se sabe muy poco de Neftis como reina de Egipto, quizá porque casi nunca estaba en palacio. Seth también tenía suficientes concubinas para ocupar el lugar de Neftis mientras ella intentaba expiar sus acciones contra

Osiris e Isis. Neftis pasó tanto tiempo con Isis que se convirtieron en diosas gemelas, estrechamente asociadas en divinidad.

El nombre de Neftis se traduce a menudo como «Señora del Recinto del Templo» o «Señora de la Casa». La diosa aparece representada en pinturas y esculturas como una mujer joven con un tocado en forma de casa con una cesta encima, aunque no era un modelo de ama de casa. La casa representa el templo y el sacerdocio. Por su servicio a Osiris, Isis y Horus, Neftis era honrada como ayudante divina de los débiles y los muertos en el antiguo Egipto.

**Una imagen de Neftis**
https://commons.wikimedia.org/wiki/File:Nephthys2.png

Como madre lactante de Horus, Neftis era adorada como la madre lactante de todos los faraones. También era su protectora y soplaba fuego sobre sus enemigos. Como esposa de Seth, el culto a Neftis alcanzó su punto álgido al mismo tiempo que el de Seth. No hubo templos significativos de Neftis hasta la dinastía XIX, cuando Ramsés II y su padre hicieron de Seth un dios más famoso. Se construyó un templo de Neftis en Sepermeru, Alto Egipto, cerca del templo de Seth. Como hermana y consoladora de Isis, Neftis era honrada en Abidos como ayudante de los muertos. Ayudaba a los muertos a pasar a la otra vida, lloraba a los dolientes y consolaba a las mujeres durante el parto.

Al igual que Isis, Neftis poseía poderes curativos mágicos, y los antiguos egipcios llevaban amuletos de Neftis con la esperanza de que los curara de sus enfermedades. También se la invocaba con Isis durante el embalsamamiento y otros ritos funerarios preparatorios.

Por último, la personalidad de Neftis daba un giro al ser una diosa que disfrutaba con las ofrendas de cerveza durante las festividades. Para una diosa asociada con la muerte, el luto y la oscuridad, la asociación de Neftis con el vino era irónica. Puede que fuera otro accesorio de su compatibilidad con Seth, cuya reputación era igual de dinámica.

# Capítulo 19 - Anubis y Thot

El antiguo panteón egipcio contaba con más de mil dioses y diosas que eran venerados en todo el país. Sus santuarios, templos y festivales en Egipto eran famosos en todo el mundo, y en torno a estos seres divinos se tejieron las mayores leyendas de la historia. Desde la era primordial hasta la creación y después, las relaciones que los dioses y diosas egipcios mantenían con los humanos y entre sí son los relatos únicos que dieron forma a la historia del antiguo Egipto. Entre estos protagonistas se encontraban los dioses Anubis, el patrón de las almas perdidas, y Thot, el dios de la sabiduría y la magia.

Esta es su historia.

<u>Anubis: el patrón de las almas perdidas</u>

No se puede hablar de los dioses del antiguo Egipto sin mencionar a cierto dios con forma de hombre y cabeza de chacal (o de perro). Era uno de los dioses más famosos del antiguo Egipto y se situaba a las puertas del más allá para recibir a las almas. En los Textos de las Pirámides se lo representa junto a Osiris. Pesa el corazón de cada alma en el Salón de la Verdad para determinar si son dignas de la otra vida.

Su nombre es Anubis.

**Representación de Anubis**
*Autor desconocido, CC0, vía Wikimedia Commons;*
https://commons.wikimedia.org/wiki/File:The_Sacred_Books_and_Early_Literature_of_the_East,_vol._2,_pg._208-209,_Anubis.jpg

Antes de la popularización del mito de Osiris, se creía que Anubis era hijo de Ra, el dios del Sol. Posteriormente, el origen de Anubis encontró sus raíces en circunstancias más interesantes. Era el hijo ilegítimo de Osiris y Neftis, y fue criado como hijo de Seth hasta que este descubrió su verdadero linaje.

El nombre «Anubis» es griego, y se lo llamaba «Anpu» antes de que los griegos llegaran a Egipto. Anpu se traducía como «hijo real» en egipcio antiguo, y esto puede haber sido en deferencia a la condición de Anubis como hijo de un rey.

El mito de Osiris ofrece una visión de lo que pudo ser la infancia de Anubis. Nacido de un padre que siempre conspiraba contra el rey de Egipto y una madre que, o bien seguía obsesionada con seducir al rey de Egipto, o bien se arrepentía de sus actos, la infancia de Anubis pudo haber sido solitaria.

Al final, Seth lo desechó sin dudarlo y Anubis abandonó lo que una vez llamó hogar. El autor griego Plutarco narra que Anubis fue abandonado por su madre Neftis cuando era un niño indefenso y que se quedó sin padres hasta que cierta diosa lo adoptó.

Tanto si Anubis fue adoptado como un niño indefenso o como un niño mucho mayor, se convirtió en el hijo de Isis, que huía de Seth. Muchas versiones del mito de Osiris citan a Anubis como el que salvó a Isis de la prisión después de que Seth la capturara. Junto con su madre, Neftis, ayudó a Isis a reunir las partes desmembradas del cuerpo de Osiris. Esta acción conmovió a los antiguos egipcios, que veían en Anubis a un protector, un guía y un ayudante. Y sus funciones en la otra vida no distaban mucho de eso.

En primer lugar, Anubis era el «embalsamador en jefe» del antiguo Egipto. De hecho, se le atribuye haber sido el primero en embalsamar un cadáver en la historia de Egipto. El cadáver era el de Osiris después de haber sido asesinado por Seth. Como inventor de esta práctica sagrada egipcia de preparar a los muertos para sus nuevas vidas en el inframundo, Anubis aparecía habitualmente en el arte funerario. Durante la momificación, uno de los sacerdotes llevaba una máscara de lobo de madera para representar físicamente a Anubis mientras rezaba para que el proceso de preparación tuviera éxito.

Anubis era también el «guardián de las balanzas». Tras el descenso de Osiris al más allá y su asunción del trono como rey del inframundo (la Duat), tenía mucho que hacer. No todos los mortales eran lo bastante justos para pasar a la otra vida. Algunos debían ser condenados al infierno como presas de Ammit. Para determinar el destino de cada hombre, había que hacer pruebas, y Anubis era el encargado de este proceso.

El corazón de cada mortal sería pesado en una balanza en el Salón de la Verdad. En un lado de la balanza habría una pluma de avestruz, que significaba Maat, orden y verdad. Si el corazón pesaba menos que la pluma, el alma sería conducida a la otra vida celestial, pero si el corazón pesaba más que la pluma, el alma sería condenada al vientre de Ammit o a un eterno lago de fuego.

Hombre y mujer, joven y viejo, noble y plebeyo, nadie estaba exento de esta prueba. Las puertas de la otra vida estaban vigiladas con rectitud por Anubis, y solo los ligeros de corazón podían entrar.

Anubis también era llamado el «protector de las tumbas». Era tradición en el antiguo Egipto enterrar a los muertos en la orilla occidental del río Nilo, ya que se consideraba la puerta de entrada al inframundo. Anubis, al ser el «primero de los occidentales», era el encargado de mantener a salvo las almas enterradas en la orilla occidental, al igual que en una ocasión había protegido el cuerpo de Osiris de Seth. En esta leyenda, Seth se transformó en un feroz leopardo para asaltar el cadáver de Osiris, pero fue repelido y despellejado por Anubis con una barra de hierro candente.

En deferencia al acto heroico de Anubis, los sacerdotes del antiguo Egipto vestían pieles de leopardo cuando preparaban un cadáver. También despedían a los difuntos con plegarias a Anubis para que los guiara al más allá, lo que nos lleva a otra de las funciones sagradas de Anubis: era el patrón de las almas perdidas.

En el antiguo Egipto, se creía que las almas perdidas se perdían para siempre si no eran guiadas al más allá. Como otro de sus muchos títulos, Anubis era venerado como el «maestro de los secretos», ya que solo él conocía el camino a la otra vida y lo que había a sus puertas y más allá. En las antiguas tumbas reales, eran populares las representaciones de Anubis llevando de la mano al mortal fallecido hasta el Salón de la Verdad.

Los deberes sagrados de Anubis formaban parte de cada paso crucial hacia la otra vida. Anubis protegía a los muertos, los conducía al juicio, administraba su juicio y les daba la bienvenida a la otra vida. Era una deidad increíblemente importante. Algunas tradiciones antiguas afirman que fue el primer gobernante del inframundo, pero se convirtió en la mano derecha de Osiris cuando este ocupó el trono. Teniendo en cuenta la época en que nació Anubis y su viaje con Isis, la verosimilitud de este relato sigue siendo muy discutida.

Simbólicamente, Anubis era el dios chacal negro. El color negro representaba la decoloración de un cadáver tras ser limpiado con un producto químico llamado natrón durante la momificación. El negro también simbolizaba el color de las orillas del río Nilo, así como aspectos de la vida, la muerte y el renacimiento en la otra vida, todos ellos asociados al dios Anubis.

Anubis era conocido por odiar la injusticia y a los alborotadores, lo que posiblemente sea una de las razones por las que pronto se convirtió en enemigo del dios del caos, Seth. Aunque no protagonizó ninguno de los mitos populares del antiguo Egipto, la fama de Anubis se extendió desde el Egipto predinástico hasta la era del Egipto grecorromano. Los griegos lo comparaban con su dios Hermes y, como creyentes en el concepto del más allá, compartían su veneración por Anubis. Era venerado en todo el país y se construyeron muchos santuarios en su nombre.

En Cinópolis, una antigua ciudad del Alto Egipto, se rendía culto a Anubis, que contaba con numerosos seguidores. Todos los hombres y mujeres deseaban preservar su alma y pasar sin problemas a la otra vida. ¿Qué mejor manera de asegurarse un lugar en la eternidad que adorar a aquel que estaba a las puertas del inframundo y conocía todos sus secretos?

Thot: El dios de la sabiduría, la magia y la Luna

Muchos dioses y diosas de la antigua mitología egipcia se encargaban de cosas sobre todo espirituales y sagradas, pero este dios con cabeza de ibis que nos llega de la ciudad de Hermópolis tenía asociaciones más intelectuales.

Era el dios y el inventor de la escritura, el que creó las numerosas lenguas del mundo. Era la mano derecha de Ra, el árbitro de los dioses y el jefe de la famosa Ogdóada cosmológica de Hermópolis. Era Thot.

Se puede encontrar ilustraciones de Thot como un hombre con cabeza de ibis u ocasionalmente de babuino. Como muchos otros dioses, incluido Anubis, se representa a Thot sosteniendo un *anj*, también conocido como la «llave de la vida», ya que simboliza la inmortalidad de los dioses. También se lo suele representar con una corona o tocado real, lo que demuestra su asociación con el dios Shu, hijo de Ra.

**Thot, el dios de la sabiduría**

*FDRMRZUSA, CC BY-SA 4.0 https://creativecommons.org/licenses/by-sa/4.0 vía Wikimedia Commons; https://commons.wikimedia.org/wiki/File:Thoth_mirror.svg*

En el mito de la creación de Hermópolis, Thot es el creador autoengendrado del orden del mundo o Maat. En otros relatos, es el esposo de la diosa Maat, quien, con Anubis, pesaba los corazones de las almas contra Maat y registraba los resultados. La asociación de Thot con Maat es la base de su existencia como dios de la sabiduría.

En la mitología egipcia primitiva, Thot pasó de ser el jefe de la Ogdóada de Hermópolis a formar parte del séquito de la barca del dios del Sol Ra. Aconsejaba al dios del Sol y llevaba diarios de su viaje. Se creía que Thot era la fuente de los jeroglíficos, y se convirtió en el «Señor de los escribas» y en el compañero de Seshat, la diosa egipcia de la escritura, la sabiduría y el conocimiento.

El intelecto de Thot creó otras formas diversas de conocimiento humano, como el derecho, la ciencia y el arte del culto. Era un dios de la perfección y la diplomacia que nunca podía equivocarse en sus juicios. Esto lo convirtió en confidente de Ra, como ilustra el mito hermopolitano de «Thot y la diosa distante».

Este mito comenzó con una disputa entre Ra y su hija. Esta disputa fue larga y, finalmente, la hija de Ra se alejó de su vista y se marchó lejos de él, a los desiertos. Con el tiempo, Ra se preocupó de que su hija hubiera estado lejos demasiado tiempo y envió a muchos mensajeros para traerla de vuelta. La eventualidad más famosa fue que el dios del Sol envió su ojo, el Ojo de Ra, para encontrar a su hija y traerla de vuelta a casa, lo que fue un éxito.

En otro relato, sin embargo, las cosas no fueron tan sencillas. La hija de Ra era demasiado poderosa para ser llevada a casa. Ra necesitaba una intervención, y fue entonces cuando pensó en Thot. Ningún otro dios era lo bastante sabio como para traer a casa a la diosa distante. Convocó a Thot y le encargó la tarea. Al final, Thot regresó con la hija de Ra y, como recompensa, le dio una esposa llamada Nehemtawy.

Otro de los logros dorados de Thot fue lo que lo llevó a convertirse en el dios de la Luna. En el Egipto predinástico, el año medio tenía solo 360 días. La diosa del cielo Nut estaba embarazada de su hermano y amante Geb, y el padre de ambos, Shu, no era el único descontento. Su abuelo Ra estaba igual de furioso y, con su poder divino, maldijo a Nut para que no diera a luz ningún día del año.

Fue un duro castigo, y Nut estaba angustiada hasta que Thot se enteró de su difícil situación y acudió en su ayuda. Visitó a Iah, el dios de la luna (o la luna misma), y le pidió que le concediera un tiempo de luna. Al dios de la luna le intrigó la petición de Thot, pero un favor así no podía concederse tan fácilmente. Así que los dos dioses hicieron una apuesta, y Thot ganó, obteniendo el premio del tiempo de luz lunar. Iah concedió a

Thot el tiempo de luz de luna que necesitaba, que era de unos cinco días.

Con esto, Thot añadió cinco días al año, permitiendo a Nut eludir el castigo de Ra y dar a luz a sus hijos, uno en cada día: Osiris, Isis, Set, Neftis (y Horus en algunos relatos). Ra se enteró de la sabiduría de Thot y quedó más impresionado que enfurecido. Se cree que este fue el comienzo de la relación de Thot con el dios del Sol. Ra dio a Thot un lugar elevado en su barca sagrada y buscó su consejo para derrotar al malvado Apofis (Apep).

En el mito de Osiris, Thot desempeñó el papel de consejero y mediador. Fue él quien sugirió a Isis que encontrara las partes del cuerpo de su marido y le dijo las palabras mágicas que debía pronunciar para devolverle la vida. También guio a Anubis cuando ayudó a Isis a escapar del cautiverio de Seth.

Cuando estalló la guerra entre Horus y Seth, Thot asumió el papel de árbitro, añadiendo «dios del equilibrio» a sus muchos títulos.

Thot era quien se aseguraba de que cada batalla fuera justa, y orientó a Horus sobre cómo curar su ojo cuando Seth se lo arrancó en el fragor de la batalla. «Las contiendas de Horus y Seth» niega la existencia de Thot antes de esta guerra. En cambio, Thot nació de la frente de Seth tras el contacto accidental de este con el semen de Horus. A partir de entonces se convirtió en mediador.

La influencia de Thot en el antiguo Egipto fue propagada por los autores, bibliotecarios y eruditos de la época, que actuaban como sus sacerdotes. Lo honraban como padre de la escritura e inventor de las palabras. También utilizaban el ibis, símbolo de Thot, como emblema y eran versados en hechizos mágicos en nombre de Thot. El culto a Thot pronto surgió de la ciudad de Hermópolis, y su adoración se había extendido por todo el país a finales del imperio nuevo. Durante los festivales de Thot, miles de ibis y babuinos eran momificados y vendidos a los fieles para que los ofrecieran como ofrendas a Thot. La excavación de los antiguos yacimientos en torno a estos centros de culto, sobre todo en Hermópolis, reveló un gran número de estos animales momificados.

«Tutmosis», que significa «nacido de Thot» o «ha nacido Thot», fue el nombre de cinco faraones, tres visires conocidos y un famoso escultor del antiguo Egipto. La amplia asociación con Thot por parte de la nobleza demuestra su influencia, que se mantuvo desde el Egipto predinástico hasta la aparición del cristianismo primitivo en el Egipto romano.

Como amantes de todo lo artístico y civilizado, no es de extrañar que los griegos veneraran a Thot. Al igual que Anubis, fue equiparado con Hermes y sincretizado para convertirse en Hermes Trismegisto en la época helenística. Hermes Trismegisto representaba una mezcla sagrada de sabiduría espiritual y material, personificada por Thot y Hermes, y se creía que era autor de muchos libros, llamados colectivamente el *Corpus Hermetica*.

Por último, el dios de la sabiduría del antiguo Egipto era un secretario en la otra vida que permanecía junto a Osiris y Anubis en el Salón de la Verdad, llevando la cuenta de cada corazón pesado con la pluma de Maat. Thot también era famoso entre las almas de ultratumba como hospitalario anfitrión de quienes buscaban descanso en su residencia, la Mansión de Thot. También concedía hechizos protectores contra los demonios que acechaban en la eternidad.

# Capítulo 20 - Hathor y Bastet

Otras dos diosas que gozaron de veneración y relevancia en el antiguo Egipto fueron Hathor y Bastet. En el Museo Metropolitano de Nueva York se expone una placa de Hathor y Bastet.

Este artefacto se remonta a la dinastía XVIII o XIX, en algún momento entre el reinado del faraón Amosis I y el faraón Ramsés I. El artefacto representa a Hathor con un sistro, un instrumento musical del antiguo Egipto, tocando para un gato, símbolo de Bastet. Estas dos diosas se asociaban con las artes y la alegría en el antiguo Egipto, pero había mucho más en ellas.

Hathor: La madre del cielo

Los orígenes de Hathor son tan variados y dinámicos como sus atributos, pero todas las historias establecen su conexión con el dios del Sol Ra. Antes de que Isis se popularizara como la «reina madre de todos los faraones», Hathor ostentaba ese título. Al fin y al cabo, era la madre del propio dios del Sol o, en otros relatos, su hija o consorte y compañera en la barca divina. También se la consideraba la madre de Horus, que simbolizaba el renacimiento, el rejuvenecimiento y la belleza.

Su título más popular era el de «madre del cielo», que le había sido conferido por su asociación con Ra. Los antiguos egipcios creían que el cielo era el lugar por donde el sol viajaba cada día y que el cielo era el lugar donde el sol renacía al amanecer. Esto se traducía en la creencia de que Hathor era la madre de Ra, que daba a luz al sol cada día, una madre cósmica. El nombre de «la dorada» era en deferencia al estatus de Hathor como miembro importante de la compañía de Ra en su barca divina. Ella era la razón por la que el sol brillaba tanto y daba resplandor al mundo.

La vaca es el animal de Hathor, y las representaciones de ella son una mujer con cabeza de vaca o con un tocado del que sobresalen cuernos en forma de corona y un disco solar en el centro.

**Una imagen de Hathor**

*Jeff Dahl, CC BY-SA 4.0 https://creativecommons.org/licenses/by-sa/4.0 vía Wikimedia Commons; https://commons.wikimedia.org/wiki/File:Hathor.svg*

En otras representaciones, Hathor es una vaca o un sistro, un instrumento de percusión que utilizaba para librar a Egipto de la desgracia y la tristeza. También se la representaba como un sicomoro, cuya savia lechosa aludía a la vida y la fertilidad.

Igual que la diosa griega Afrodita y la romana Venus, Hathor era venerada como diosa de la belleza y el amor en el antiguo Egipto. Era popular entre las mujeres como representación de la feminidad espiritual y física, y como partera divina. Su papel en la feminidad lleva a menudo a comparar a Hathor con Isis, la esposa de Osiris, y Mut, la compañera del dios Amón. Las tres compartían aspectos similares, pero Isis representaba un lado más conservador de la feminidad: la madre y esposa modelo. Mut representaba un aspecto femenino más asertivo, ya que era típicamente independiente. Hathor era de espíritu libre, abiertamente sexual y amante de la diversión y, como está a punto de descubrir, la reputación de Hathor no siempre fue la de una deidad feliz y benévola.

En los textos antiguos, desde el imperio medio hasta el imperio nuevo, Hathor era el aspecto femenino del Ojo de Ra, que era visto como el mensajero de Ra y presagio de la fatalidad. Según una antigua leyenda, el dios del Sol se disgustó con el estado de decadencia moral del mundo que había creado. La humanidad ya no lo adoraba y se rebeló abiertamente contra él. Como castigo, Ra envió a su hija, Hathor, para destruir a la humanidad. Para ello, se transformó en Sekhmet, la diosa de la guerra con cabeza de león, y destruyó el mundo siguiendo sus instrucciones.

Mientras arrasaba la tierra con su aliento de fuego, los demás dioses se preocuparon por la sed de sangre de Sekhmet. Pidieron al dios del Sol que se apiadara y pidiera a Sekhmet que abandonara su siniestra misión. Si no la detenía, acabaría con todos los humanos vivos y el mundo volvería a estar vacío y sin sentido.

Ra entró en razón y decidió que detendría a Sekhmet, pero ella estaba demasiado avanzada en su espiral destructiva. Había otra forma de detenerla. Ra ordenó que se hiciera un tipo especial de cerveza para Sekhmet. Estaba hecha con alcohol extra y mezclada con colorante rojo para darle la apariencia de sangre. Sekhmet recibió la cerveza y, confundiéndola con sangre, bebió varios tragos de una vez.

Momentos después, se sintió mareada y cayó en un profundo sueño. Tres días después, Sekhmet se despertó como Hathor, la diosa amable y gentil. Se hizo popular porque era lo contrario de lo que había sido como Sekhmet. La historia termina aquí en muchas versiones. Sin embargo, una variación de este mito no termina con Sekhmet volviéndose buena.

En cambio, proporciona una fascinante precuela de «Thot y la diosa lejana», en la que Thot es enviado a traer de vuelta a casa a una hija de Ra. La leyenda cuenta que la hija de Ra era en realidad Hathor (o Sekhmet). Se había despertado de su profundo sueño y se dio cuenta de que había sido engañada por Ra. Su ira no tenía límites.

Se produjo una acalorada discusión entre padre e hija, y Hathor abandonó su hogar rumbo a tierras lejanas en señal de rebelión contra el dios del Sol por sus artimañas. Incapaz de traerla a casa, Ra buscó los servicios de Thot, el dios de la sabiduría. Solo él pudo conseguirlo, pero tuvo que convencer a Hathor 1.077 veces antes de que eso ocurriera. La hija de Ra pudo haber iniciado su camino para convertirse en buena tras volver a casa.

«Diosa del amor» era otro de los títulos de Hathor, y hablaba del aspecto sexual de esta diosa. Incluso los dioses no eran inmunes al placer erótico, y como consorte de Ra, se representa a Hathor estimulando sexualmente al dios del Sol para levantarle el ánimo en muchas ocasiones. En otras representaciones, es una mujer hermosa con un cabello espléndido, en el que cada mechón representa un encanto irresistible. Hathor también puede haberse aparecido a los mortales como una mujer desnuda y atractiva.

El antiguo Egipto era un centro para las artes, la música y la danza, una característica integral de sus festividades religiosas. Hathor disfrutaba de la vista de la celebración, ya fuera comiendo, bebiendo, cantando, bailando o con las mujeres luciendo sus mejores galas y oliendo exquisitamente. Hathor no podía resistirse a la fragancia del incienso, como tampoco podía resistirse a un buen trago de vino. Al igual que Neftis, Hathor se emborrachaba mientras oía tocar el sistro.

Los instrumentos musicales eran la nota dominante en el culto a Hathor. Además de su instrumento favorito, el sistro, el pueblo veneraba a la diosa de la alegría cantando himnos y tocando laúdes, arpas y panderetas. Todos los años, los egipcios festejaban a Hathor llevando flores y bailando hasta su templo de Dendera.

Hathor era amante de la diversión y peligrosamente aventurera, pero también era la diosa del turismo y el comercio. Se creía que era la protectora de las fronteras del antiguo Egipto, que velaba por la seguridad de todos los barcos que navegaban por el Nilo y de los barcos egipcios que navegaban por otros ríos y mares. Si recordamos en el mito de la princesa griega, el templo de Hathor era donde Helena buscaba refugio, y estaba situado cerca de las costas de Egipto. En el mito de «Thot y la diosa lejana», Hathor abandonó su hogar para dirigirse a un lugar lejano, posiblemente Libia o Nubia, y se hizo famosa en estas tierras.

A través de las relaciones comerciales con el extranjero del antiguo Egipto, la fama de Hathor se extendió a Canaán, Punt, Siria y partes del Sinaí. En aquella época, las vastas reservas de turquesa y malaquita de la península del Sinaí la convirtieron en un punto caliente de la minería. Con la difusión del culto a Hathor en el Sinaí, se convirtió en la «Dama de la Turquesa» y la «Dama de la Malaquita». Los comerciantes egipcios que viajaban a estas tierras extranjeras volvían a casa con objetos exóticos, a los que llamaban regalos de Hathor a Egipto (o al faraón), ya que muchos yacimientos mineros eran lugares de culto en honor a Hathor.

Como era de esperar, la diosa Hathor desempeñaba un papel en el más allá. El arte funerario y la literatura de los primeros tiempos de la historia egipcia describen la primera visita de Hathor al más allá como una escala entre Egipto y tierras extranjeras.

La Duat estaba abarrotada y muchas almas necesitaban orientación en el más allá. Hathor ofreció su ayuda y se manifestó como Amentit, la diosa del oeste. Entonces se unió a la liga de dioses y diosas que participaban en la transición de las almas. Como Amentit, Hathor cuidaba de las almas de los muertos alimentándolas con comida y bebida. Esto demuestra la naturaleza maternal de Hathor, así como sus atributos como protectora y guía.

**El faraón Horemheb con los dioses Hathor, Osiris, Horus y Anubis**
*Jean-Pierre Dalbéra, CC BY 2.0 https://creativecommons.org/licenses/by/2.0/ vía Wikimedia Commons https://commons.wikimedia.org/wiki/File:La_tombe_de_Horemheb_(KV.57)_(Vall%C3%A9e_des_Rois_Th%C3%A8bes_ouest)_-4.jpg*

Los mitos del príncipe condenado y de los dos hermanos representan a las Siete Hathors, otro aspecto de Hathor. Eran las conocedoras del destino.

### Bastet: La diosa de la protección

Al igual que Anubis, es imposible no reconocer a la diosa con cabeza de gato del antiguo Egipto y su esbelto cuerpo. Suele sostener un *anj* y un sistro. Su nombre es Bastet (o simplemente Bast), y fue considerada la reina del Bajo Egipto durante mucho tiempo.

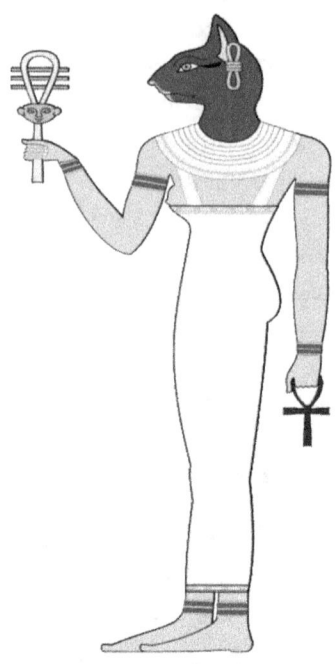

**Representación de Bastet**

*Gunawan Kartapranata, CC BY-SA 3.0 https://creativecommons.org/licenses/by-sa/3.0 vía Wikimedia Commons: https://commons.wikimedia.org/wiki/File:Bastet.svg*

Es importante destacar hasta qué punto los antiguos egipcios adoraban a los gatos; prácticamente los veneraban. La casa real de Egipto vestía a sus gatos con pendientes, aros en la nariz y collares de oro. Estos gatos también comían con ellos en sus mesas. Entre los plebeyos, los gatos no recibían un trato muy diferente. Aunque no pudieran permitirse adornos caros, no los daban por descontados. Al fin y al cabo, los gatos protegían el hogar manteniendo alejadas a plagas destructivas como ratones y serpientes. Las excavaciones del templo de Bastet revelaron cientos de gatos momificados, y los historiadores sugieren que dar a los gatos el mismo entierro que a los humanos podría haber sido algo habitual en el antiguo Egipto.

Los primeros orígenes de Bastet se remontan a una diosa con cabeza de leona. Se creía que era hija de Ra y que dominaba el arte de la guerra. Se la asoció con los gatos en la dinastía XX, en el imperio nuevo. Su asociación con Ra significaba una asociación con Hathor como Sekhmet, razón por la cual Bastet y Sekhmet son descritas como hermanas.

Al igual que Sekhmet, Bastet se manifestó como el inicialmente aterrador Ojo de Ra, pero posteriormente suavizó su reputación convirtiéndose en el azote de Apofis (Apep) en la barca divina del dios del Sol. La leyenda cuenta que, a instancias de Ra, Bastet, en forma de gato, derrotaba a Apofis decapitando a la serpiente con una espada en la pata.

Además de Ra y Sekhmet, Bastet estaba asociada a Isis por su carácter protector. Se encuentran muchas esculturas de alabastro de Bastet con una camada de gatitos a sus pies. Esto aludía a su estatus en la divinidad como diosa de la fertilidad, el embarazo y el parto. Las gatas son conocidas por ser muy protectoras con sus crías, y este carácter se le confirió a Bastet tras su transformación. Se la veneraba como madre y protectora contra enfermedades y desgracias. Se la consideraba igual a la diosa griega Artemisa.

El culto a la diosa felina comenzó en Bubastis, donde se estableció su culto. Bubastis era una ciudad del delta del Nilo, en el Bajo Egipto, que se convirtió en la decimoctava capital regional del antiguo Egipto. Esto hizo que el culto a Bastet cobrara mayor protagonismo, extendiéndose al Alto Egipto desde Bubastis y Menfis. El escritor griego Heródoto, en su obra las *Historias*, describe el tránsito masivo de personas de todo Egipto hacia Bubastis para los grandes festivales en honor de Bastet:

> «Cuando la gente se dirige a Bubastis, van por el río, un gran número en cada barca, hombres y mujeres juntos. Algunas de las mujeres hacen ruido con sonajas [sistros], otras tocan flautas durante todo el camino, mientras que el resto de las mujeres, y los hombres, cantan y aplauden... Cuando llegan a Bubastis, hacen un festival con grandes sacrificios, y se bebe más vino en esta fiesta que en todo el año. Es costumbre que hombres y mujeres [pero no niños] se reúnan allí hasta el número de setecientos mil, como dicen las personas del lugar».

La magnificencia del templo de Bastet en Bubastis incitó aún más a Heródoto a describirlo. Estaba situado en una isla, accesible a través de dos rutas desde el río Nilo. El templo se construyó en un lugar céntrico de la ciudad, por lo que no podía perderse su resplandeciente vista. Tenía majestuosas tallas de piedra y estaba rodeado de altas arboledas que «llegaban hasta el cielo».

Los habitantes llevaban amuletos protectores que representaban gatos, en señal de protección de Bastet. También intercambiaban regalos de gatitos el día de Año Nuevo. Se creía que estos actos librarían al año del mal y anunciarían prosperidad.

Bastet no tenía tantos atributos como Sekhmet, y tampoco formaba parte de la Enéada primordial como Isis. Sin embargo, siguió siendo una deidad influyente hasta bien entrada la invasión persa de Egipto a finales del siglo V a. C. y más allá. El Egipto romano también vivió décadas de su relevancia y, durante la mayor parte de esos años, la diosa de los gatos fue una inmensa alegría para el pueblo.

# CUARTA PARTE:
# LOS LIBROS SAGRADOS

# Capítulo 21 - Los Textos de los sarcófagos y el Libro de los Muertos

A estas alturas, usted ya sabe todo sobre la importancia de la vida después de la muerte en el antiguo Egipto y cómo esta creencia marcó la vida de la gente durante muchos años. También sabe que los funerales en Egipto no eran sencillos ni apresurados. Se llevaban a cabo procesos espirituales deliberados para sellar la transición de los muertos a la Duat con la esperanza de que hubieran seguido Maat toda su vida, o al menos lo suficiente como para optar al paraíso.

En el capítulo 1, se habló de las fuentes antiguas que nos han proporcionado todo el conocimiento que existe sobre la antigüedad egipcia. Algunos nombres como los Textos de las Pirámides vienen a la mente, pero en este capítulo, el centro de atención está en otras dos fuentes importantes que vinieron después de los Textos de las Pirámides.

Los Textos de los sarcófagos

Durante mucho tiempo en el imperio antiguo, solo los faraones fueron enterrados con arte funerario en sus tumbas. Las paredes de reyes como Unas, Pepi I y Pepi II, y Menkaure I, e incluso reinas como Neithhotep, Behenu y Ankhesenpepi II, tenían corpus de textos tallados para acelerar el viaje de la realeza a la Duat, que en aquella época se creía que estaba en el cielo.

En el antiguo Egipto no existía ningún libro titulado «Textos de los sarcófagos». Lo que existe como Textos de los sarcófagos son recopilaciones de textos recuperados de múltiples sarcófagos durante las excavaciones realizadas por arqueólogos del siglo XIX. Estos textos fueron traducidos de su forma original escrita a jeroglíficos por el egiptólogo holandés Adriaan de Buck, y son fuentes valiosas a la hora de estudiar la egiptología antigua.

Gran parte de lo que componían los Textos de los sarcófagos eran hechizos que se grababan cuidadosamente en la parte interior del sarcófago antes de introducir el cadáver en él. Estos hechizos ascienden actualmente a 1.185, y la mayoría hacen referencia a historias míticas del Egipto predinástico, como el mito de Osiris. Este mito es la historia más recurrente en los Textos de los sarcófagos.

Antes de su popularización, el más allá se percibía como el hogar eterno únicamente de los reyes, así como de unas pocas reinas privilegiadas. Los nobles, escribas y plebeyos del imperio antiguo no creían que pudieran compartir una eternidad tan gloriosa con su líder.

Sin embargo, con el fenomenal descubrimiento del descenso, no el ascenso, de Osiris a la otra vida (o la Duat), el pueblo se dio cuenta de que se había equivocado. La Duat no estaba en el cielo ni fuera de su alcance. Toda persona, rey o no, que creyera en Osiris y viviera su vida de acuerdo con Maat podía entrar en el paraíso. El culto a Osiris propagó esta creencia por todo el imperio antiguo tardío.

En consecuencia, a partir del año 2100 a. C., los Textos de los sarcófagos fueron sustituyendo gradualmente a los Textos de las Pirámides, y el concepto de la vida después de la muerte se hizo mucho menos exclusivo. Con ello, los no miembros de la realeza podían permitirse funerales bastante elaborados y todos los materiales necesarios para ello. Las efigies, las figurillas, la cerámica para los recipientes funerarios, los metales preciosos, el granito y los materiales para la momificación ya no eran solo para los faraones. Los esfuerzos de producción se orientaron a fabricar versiones de estos materiales de calidad ligeramente inferior para uso de los plebeyos.

Este impacto en la perspectiva espiritual y cultural del antiguo Egipto hizo que el mito de Osiris y su protagonista se convirtieran en el punto culminante más famoso de muchos hechizos del Texto del sarcófago.

«¡Ah desamparado!
¡Ah indefenso dormido!
Ah indefenso en este lugar
que tú no conoces, ¡pero yo sí!
He aquí que te he encontrado [tumbado] de lado
el gran desamparado.
"¡Ah, hermana!" dice Isis a Neftis,
"Este es nuestro hermano,
Ven, levantemos su cabeza,
Ven, reunamos sus huesos,
Ven, reunamos sus miembros,
Ven, pongamos fin a toda su aflicción,
para que, en la medida de lo posible, no se canse más.
¡Que la humedad comience a subir para este espíritu!
¡Que los canales se llenen a través de ti!
¡Que los nombres de los ríos sean creados a través de ti!
¡Osiris, vive!
Osiris, ¡que surja el gran desconocido!"».

Este fragmento era un hechizo protector popular en muchos Textos de los sarcófagos. Aunque relataba cómo Isis y Neftis revivieron a Osiris tras ser asesinado por Seth, también invocaba a las dos diosas para que protegieran al difunto en su viaje al más allá.

En los Textos de los sarcófagos también se encuentran descripciones e invocaciones a dioses y diosas guardianes. Se creía que ayudaban al alma del difunto a reconocer a los guardianes de la otra vida y a someterse a su protección. Con demonios, engaños y trampas acechando en cada parada, un alma necesitaba ayuda divina para navegar por la Duat hasta llegar al paraíso. Un alma desprotegida corría el riesgo de sufrir una segunda muerte o perderse para siempre, por lo que cabe imaginar que los antiguos egipcios eran quisquillosos con el contenido de sus sarcófagos.

Con la creciente fama de Osiris como juez del inframundo, los Textos de los sarcófagos proporcionaron las primeras fuentes conocidas de acontecimientos en la Duat, como el juicio de los muertos en el Salón de la Verdad. La fuente más famosa de esta época fue el *Libro de los dos caminos*, que contiene un intrincado mapa de la Duat y es, hasta el momento, el libro ilustrado más antiguo de la historia.

Es posible que nunca se conozca al autor del *Libro de los dos caminos*, pero se encontraron copias del documento grabadas en algunos sarcófagos antiguos de un pueblo llamado Deir el-Bersha. Sin duda, el pueblo había copiado este mapa de un original en la creencia de que el mapa guiaría el alma del difunto a través de los reinos de la Duat. La copia más antigua de este libro se encontró en la tumba de una mujer llamada Ankh, que se supone que vivió durante la undécima o duodécima dinastía.

En este libro, había dos rutas hacia el paraíso, por lo que se le llama el *Libro de los dos caminos*. Las dos rutas eran por mar y por tierra, separadas por un lago ardiente y monstruos horribles. Ambas rutas estaban plagadas de peligrosos obstáculos por los que el alma debía pasar antes de presentarse ante Osiris.

Como versión más avanzada de los Textos de los sarcófagos, el *Libro de los dos caminos* sería sustituido por el *Libro de los muertos* en los imperios medio y nuevo.

### El *Libro de los muertos*

La evolución de la creencia egipcia en la vida después de la muerte y sus complejidades comenzó con los Textos de las Pirámides, que dominaron la mayor parte del imperio antiguo. Posteriormente, se impusieron los Textos de los sarcófagos, que se basaban en los Textos de las Pirámides, pero eran más accesibles para el público en general. Lo más destacado de los Textos de los sarcófagos fue el *Libro de los muertos*, que muchos egipcios del imperio medio adaptaron a sus prácticas funerarias.

La aparición del imperio nuevo marcó una nueva etapa en esta evolución, y el *Libro de los muertos* fue el último grito. A diferencia de los Textos de los sarcófagos, que solo se dibujaban o tallaban en los féretros, las copias del *Libro de los muertos* de la dinastía XII podían escribirse en papiro y enterrarse con el difunto.

Al igual que los Textos de los sarcófagos, no existe un único *Libro de los muertos*. En su lugar, hay compilaciones de muchas copias encontradas en tumbas y sarcófagos antiguos. En total, se tradujeron doscientos conjuros, himnos y recitaciones a partir de sus versiones jeroglíficas originales.

Como su nombre indica, el *Libro de los muertos* se escribió para los muertos. Era un manual para superar los peligros en el más allá. El primer conjuro era una plegaria a Ra (o Atum) para que los muertos pasaran con éxito a la Duat. En el *Libro de los muertos* también se recopilaban conjuros que los difuntos debían recitar para preservar sus cuerpos y protegerse del mal en forma de serpientes como Apep:

«Oh tú, encerado [Apep], que tomas por robo y que vives de los inertes, no seré inerte para ti, no seré débil para ti, tu veneno no entrará en mis miembros, pues mis miembros son el miembro de Atum. Si no soy débil para ti, el sufrimiento tuyo no entrará en estos miembros míos. Soy Atum a la cabeza del abismo, mi protección es de los dioses, los señores de la eternidad, soy aquel cuyo nombre es secreto, más santo de trono que los dioses del caos; estoy entre ellos, he salido con Atum, soy uno que no es examinado, ¡estoy sano, estoy sano!».

Algunos hechizos permitían a los difuntos adoptar formas de dioses para luchar contra los atacantes. Con un hechizo, por ejemplo, el difunto podía transformarse en el dios del Sol Ra para luchar contra cocodrilos salvajes:

«¡Atrás! ¡Atrás! ¡Atrás, peligroso! No vengas contra mí, no vivas de mi magia... Oh tú con espina dorsal que trabajas tu boca contra esta magia mía, ningún cocodrilo que vive de la magia te la quitará».

También había hechizos en el *Libro de los muertos* que tenían por objeto facultar a los muertos para embarcar en los transbordadores más seguros del inframundo:

«Oh portadores de la barca sobre este difícil banco de arena

Tráiganme la barca, átenme las cuerdas, en paz, en paz

Vengan, vengan, apresúrense, apresúrense, he venido a ver a mi padre Osiris».

El conjuro más largo y popular, el conjuro 125, describía lúcidamente el juicio de las almas en el Salón de la Verdad. Representaba al dios con cabeza de chacal Anubis como el que pesaba los corazones de cada hombre, con Thot a su lado y Osiris como juez principal.

De izquierda a derecha: El corazón de un alma siendo pesado por Anubis, registrado por Thot, y luego de pie ante Osiris, que está sentado en el trono
https://commons.wikimedia.org/wiki/File:The_judgement_of_the_dead_in_the_presence_of_Osiris.jpg

El *Libro de los muertos* era también una escritura que contenía las palabras que los difuntos debían recitar en cada etapa de su viaje. Un ejemplo era la «Declaración de Inocencia» ante los cuarenta y dos jueces. Otros aspectos del *Libro de los muertos* indicaban lo que cada alma debía vestir en la otra vida, como un «vestido blanco celestial y sandalias».

El *Libro de los muertos* solía ser escrito por escribas versados en hechizos. A diferencia de los Textos de los sarcófagos, que personificaban al difunto con Osiris, el *Libro de los muertos* podía escribirse a medida para un individuo o una familia. Para ello, el escriba debía estar familiarizado con la identidad del individuo, la historia de su vida, sus rasgos físicos, su personalidad y su pedigrí. Así, si una persona estaba gravemente enferma y próxima a la muerte, solicitaría a un escriba que redactara un *Libro de los muertos* para ella.

La producción de un *Libro de los muertos* costaba una fortuna debido a su importancia en el más allá. Se calcula que costaba hasta la mitad del salario anual de un obrero en el antiguo Egipto o algo más de tres onzas de plata. Esto hacía que el *Libro de los muertos* fuera asequible sobre todo para la clase aristocrática egipcia y solían utilizarlo más los hombres que las mujeres. Los nobles inferiores que podían permitirse papiros de segunda mano y versiones prefabricadas poseían algunos ejemplares. Los escribas y sacerdotes podían escribir por sí mismos, pagando solo por los materiales que iban a utilizar, no por la mano de obra.

Más adelante en la historia, los escribas empezaron a escribir versiones más baratas para el pueblo llano. Estas versiones tenían menos hechizos e instrucciones, y estaban escritas en papiros de mucha menos calidad. Los plebeyos de esta época se aprovechaban de ello, ya que así tenían más posibilidades de llegar al paraíso. Los escribas hicieron fortuna con esta demografía durante miles de años y, en consecuencia, hubo muchas variaciones del *Libro de los muertos*. Las versiones más estándar se encontraban en las tumbas reales y en las cámaras funerarias de los burócratas, mientras que las versiones abreviadas se hallaban en los ataúdes de los plebeyos.

Los aspectos más destacados del *Libro de los muertos* son el viaje de los muertos en la Duat, el juicio de un alma y los hechizos para proteger a las almas de una segunda muerte.

# Capítulo 22 - Los libros de las cavernas, las puertas y la Vaca Sagrada

Nunca se insistirá lo suficiente en la importancia del arte funerario del antiguo Egipto como fuente de historia. Gran parte de lo que se sabe sobre el más allá egipcio fue descrito en las paredes, techos y tejados de las antiguas necrópolis, sarcófagos y tumbas reales.

Se conocen los Textos de las Pirámides del imperio antiguo, así como el *Libro de los muertos* del imperio nuevo.

Un día de 1903, dos arqueólogos llamados Margaret Murray y Flinders Petrie descubrieron otra forma de texto funerario en la pared de un corredor de un antiguo templo de Osiris situado en Osirión. Este texto se diferenciaba de los Textos de los sarcófagos o del *Libro de los muertos* en que ofrecía detalles más sangrientos sobre lo que les ocurría a las almas condenadas al infierno egipcio de la Duat.

Se encontraron versiones incompletas de este texto en las tumbas reales de los faraones Ramsés IV, Ramsés VI, Ramsés VII y Ramsés IX, todos ellos de la época ramésida de la dinastía XX. También había fragmentos de estos textos en otras tumbas no reales, con un total de trece versiones. Estos textos se tradujeron entre principios y mediados del siglo XIX y se recopilaron en un documento titulado el *Libro de las Cavernas*.

## El *Libro de las Cavernas*

Las versiones completas del *Libro de las Cavernas* se encontraron en el templo de Osiris y en la gran tumba de un rico escriba real de la dinastía XXVI llamado Pediamenopet. La versión completa consta de dos partes; cada parte tiene tres subpartes o secciones verticales, lo que hace un total de seis secciones.

El *Libro de las Cavernas* narra el viaje del dios sol por el inframundo, la recompensa de las almas santas que superan el juicio y la terrible situación de las almas que no lo hacen. El viaje del dios del Sol por el «infierno» egipcio tenía lugar cada noche, y el *Libro de las Cavernas* ilustra cada paso con imágenes y textos.

En la primera sección del *Libro de las Cavernas*, el dios sol está a punto de entrar en la Duat, de pie ante sus puertas.

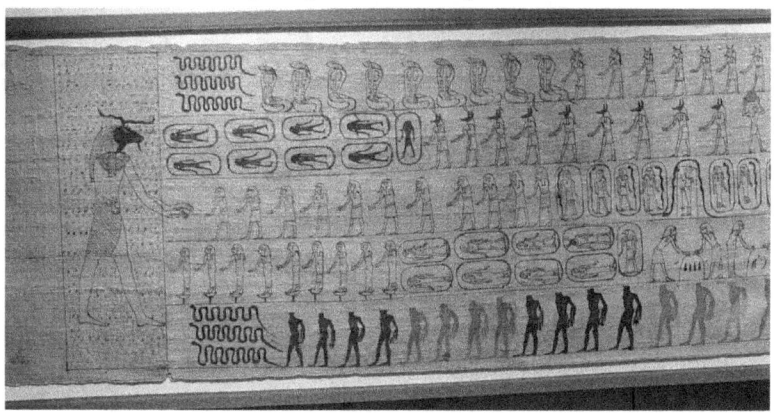

**La primera sección del *Libro de las Cavernas***
*Tim Sneddon de Perth, AUSTRALIA, CC BY-SA 2.0 https://creativecommons.org/licenses/by-sa/2.0 vía Wikimedia Commons;*
*https://commons.wikimedia.org/wiki/File:Extracts_from_the_Book_of_Caverns_(9174917894).jpg*

En la Duat lo espera Osiris, el dios del inframundo y juez de los muertos. La primera sección también tiene cinco subpartes llamadas «cavernas». La primera caverna, sobre el dios del Sol, está custodiada por tres serpientes. Estas serpientes protegen los cuerpos de las almas santas en la primera y segunda cavernas, donde descansan para la eternidad. La tercera caverna es donde entra directamente el dios sol. Osiris se sienta allí en dos formas. La primera forma se extiende hacia el dios del Sol, y la segunda forma está en un sarcófago, de cara al dios del Sol que se acerca y custodiado por serpientes. La cuarta caverna representa a los seguidores de Osiris, que también están en sarcófagos y custodiados por serpientes, listos para encontrarse con el dios del Sol. La quinta caverna representa a las almas sin cabeza condenadas al infierno. Se los llama «enemigos de Osiris» y su caverna es una prisión custodiada por tres serpientes. El dios del Sol las condenará a una segunda muerte.

En la segunda sección del *Libro de las Cavernas*, el dios del Sol ha entrado en la Duat. Pide a Osiris que lo reciba, y su petición le es concedida. Otros dioses y diosas del inframundo también lo reciben en sus diversas formas. La última caverna muestra a las almas condenadas camino del Lugar de la Aniquilación, el concepto egipcio del infierno. Osiris está ansioso por llevar al dios del Sol más lejos en la caverna, especialmente donde está Aker, un guardián de las puertas del inframundo. La puerta de Aker conduce de nuevo a la Tierra, donde el dios del Sol tiene que estar al amanecer para salir como el sol.

El viaje del dios del Sol avanza en la tercera sección del *Libro de las Cavernas*. Aquí se encuentra con los dioses de la Enéada sagrada y otras deidades de la Duat. Las almas condenadas de la última caverna han llegado a su destino, el terrible Lugar de la Aniquilación. Las almas están colgadas cabeza abajo y sufren un inmenso castigo por sus pecados.

En la cuarta sección del *Libro de las Cavernas*, el dios del Sol, Isis, Neftis, Horus y Anubis cuidan de Osiris y lo protegen. Las almas condenadas de la última caverna siguen sufriendo a manos de un demonio despiadado, y finalmente son decapitadas.

La quinta sección representa a la diosa del cielo Nut, que recibe al dios del Sol y lo alza en sus brazos. Otra parte de la misma sección muestra a Osiris y a otros dioses despidiendo al dios del Sol en la etapa final de su viaje. En ella se representa el renacimiento y el rejuvenecimiento de Ra. Las almas que languidecen en las cavernas más bajas son introducidas en la siguiente etapa de su castigo. Se prende fuego a sus cabezas y corazones, y dos diosas están con ellos en el Lugar de Aniquilación, avivando las llamas que los destruyen lenta y dolorosamente.

Al final de la sexta sección se encuentra la barca divina del dios del Sol, el Atet. Su séquito la saca del inframundo remando con alegría y, juntos, se preparan para la gloriosa ascensión del dios del Sol al cielo.

El *Libro de las Cavernas* también menciona diez deidades del inframundo aparte del conocido Ammit. Estas criaturas, denominadas «deidades menores» o «demonios», se encargan de garantizar el castigo de las almas condenadas. Estos despiadados demonios aparecen representados en diferentes secciones como serpientes que escupen fuego, dioses con cabeza de pez gato, dioses con cabeza de chacal y

Ammit. Todos eran depredadores de almas. En algunas secciones se representa a Osiris, Nut y Anubis en las cavernas inferiores, supervisando el castigo de los malvados.

Por escalofriante que pueda ser el *Libro de las Cavernas*, representa las razones por las que la gente del imperio nuevo habría alineado sus vidas con Maat.

El *Libro de las Puertas*

Justo enfrente del muro de la tumba real del faraón Ramsés IV, donde se descubrió el *Libro de las Cavernas*, había un fragmento de otro texto antiguo que databa de los imperios medio y nuevo. Este texto fue titulado el *Libro de las Puertas* por un egiptólogo francés llamado Gaston Maspero.

El *Libro de las Puertas* retrata un viaje por el inframundo, pero esta vez a través de los ojos de las almas mortales. Descubierto en tumbas de reyes, nobles y otros burócratas, algunas versiones del *Libro de las Puertas* estaban incorrectamente secuenciadas o entrelazadas con algunos contenidos del *Libro de los muertos*.

La tumba del faraón Seti I tenía una versión colorida y detallada de este texto, que mostraba a cuatro hombres, cada uno de un color de piel distinto, entrando en la Duat. Esta representación de todas las razas de la Tierra refuerza la percepción de la Duat por los egipcios como un concepto universal. Todos los humanos vivirían después de la muerte, y la única forma de llegar al paraíso era obedecer a Maat.

El contenido del *Libro de las Puertas* completo ilustra el viaje del alma a través de varias puertas de la Duat y los guardianes de cada puerta. El alma debía conocer el nombre y los atributos de cada guardián para superarlos y continuar su viaje. El *Libro de las Puertas* consta de doce capítulos, cada uno de los cuales describe una hora de la noche y lo que ocurre con las almas en cada hora.

La primera hora se titula «Ushemet-Hatu-Khefti-Ra». Se abre con la llegada del dios del Sol a la Duat a través de Amentet, la Sala del Horizonte. En su barca divina, Ra aparece en forma de escarabajo, que procede del relato de la creación de Hermópolis, y está protegido por una serpiente y dos compañeros llamados Sia y Hu. Las puertas de la Duat se abren y todas las almas de los muertos se unen para dar la bienvenida a Ra.

En la segunda hora, titulada «Shesat-Makeb-Neb-S», las almas que obedecieron a Maat en vida se separan de las almas malvadas. Las almas buenas están en las filas superiores del *Libro de las Puertas*, y Ra las bendice, diciendo: «Sus ofrendas son suyas, ustedes tienen poder sobre sus aguas frescas, sus almas nunca serán cortadas en pedazos, su carne nunca fallará, [ustedes que me han] alabado, y han vencido a Apep por mí».

Las almas malvadas ocupan las filas inferiores, representadas tumbadas de espaldas en castigo. Atum, un aspecto de Ra, actúa como el hijo del sol de dios y maldice a los malvados, diciendo:

> «La palabra de mi padre Ra es justa (Maat) contra ustedes, y mi palabra es justa contra ustedes... Atados con grilletes; sus brazos no se abrirán nunca más.....Sus malas acciones [se han vuelto] contra ustedes, sus conspiraciones [se han vuelto] contra ustedes, sus actos abominables [se han vuelto] contra ustedes, sus destinos son para mal, y su perdición ha sido decretada ante Ra; sus juicios injustos y pervertidos están sobre ustedes, y la maldad de sus palabras de maldición están sobre ustedes».

Las almas separadas y el dios del Sol continúan por un estrecho sendero hasta llegar a doce dioses guardianes momificados en la siguiente entrada.

La tercera hora, titulada «Thentent-Bau», consiste en cruzar un lago de fuego maloliente. La barca del dios del Sol lo atraviesa ilesa, al igual que las almas benditas. Las almas malvadas son quemadas y abrasadas por el fuego como principio de su castigo. La serpiente Apofis (Apep) aparece al final del lago para atacar la barca de Ra, pero Atum y otros dos dioses la derrotan.

La cuarta hora del *Libro de las Puertas* se titula «Urt-Em-Sekhemu-Set». En esta hora, las almas viajeras y el dios del Sol se encuentran con los doce dioses con cabeza de chacal que custodian las siguientes puertas. Estas puertas se abren al Lago de la Vida y al Lago de Uraei. En este reino, el dios del Sol resucita más almas muertas, incluida la de Osiris, que es protegida por su hijo Horus. Al final de esta escena, las almas de los malvados son castigadas en otro ataque de fuego, y los viajeros llegan a un reino llamado Arit, cuyas puertas están custodiadas por doce dioses.

«Sem-her-Ab-Uaa-As» es el nombre de la quinta hora del sagrado *Libro de las Puertas*, y en ella se representa al dios Sol y a las almas viajeras en una compleja serie de acontecimientos. En particular, se representa la Sala del Juicio, donde los malvados son enviados al Lugar de la Aniquilación. En algunas versiones, esta sentencia es pronunciada por

Osiris, sentado en su trono. El juicio de las almas está vinculado a la sexta hora, que se titula «Mesperit-Ar-Maat». Una serie de cadáveres momificados esperan la resurrección de Ra mientras dioses armados retienen a Apofis en este reino.

La séptima hora, «Khesef-Hai-Heseq-Neha-Hra», marca el momento en que se destruye todo obstáculo que impida el rejuvenecimiento del dios del Sol para el siguiente amanecer. A mitad del reino, el dios del Sol acepta el castigo de dos de sus enemigos capturados. Las almas benditas prosiguen su viaje, y un grupo lleva sobre la cabeza cestas llenas de tallos de grano. Se trata de una recompensa por su compromiso con Maat. El otro grupo lleva cada uno la Pluma de la Verdad, un aspecto de Maat, como símbolo de bendición.

La octava hora se titula «Nesbt-Usha», donde el tiempo como elemento infinito se representa con una cuerda sin fin de Aken, el barquero del inframundo. En este reino se conceden más bendiciones a las almas buenas, mientras que los malvados reciben más castigos. Las momias que esperaban ser resucitadas vuelven poco a poco a la vida, y el dios del Sol continúa en su barca hacia la siguiente puerta, llamada Aat Shefsheft.

En la novena hora, «Mak-Neb-S», los viajeros llegan a un río caótico que representa a Nun, en el que flotan las almas de muchos mortales. Esto no alude a la desesperanza ni a la muerte. Por el contrario, serán nutridos por las aguas y colocados entre las almas benditas para ser alimentados con verduras y pan. Los condenados permanecen en la fila inferior; siguen languideciendo en los fuegos de la destrucción a instancias de Horus.

La décima hora es «Tentenit-Hesq-Khakabu», y representa una feroz batalla contra Apofis, el enemigo de Ra. El dios del Sol lucha contra Apofis en diferentes formas, y se le unen catorce dioses que sostienen redes mágicas sobre sus cabezas. Esta red está impregnada de hechizos para debilitar y derrotar a Apofis. Al final de la escena, un texto habla de una procesión ascendente del dios del cielo. A estas alturas, ya es casi de día.

«Sebit-Neb-Uaa-Khesef-Sebiu-Em-Pert-F» es el título de la undécima hora. Apofis ha sido derrotado, capturado y desmembrado. Su cuerpo mutilado es sujetado con una cuerda y, esta vez, la fila inferior está ocupada por dioses y diosas que reman la barca del dios del Sol hacia el este para su ascensión. Las almas de los muertos asisten al glorioso espectáculo.

En la duodécima y última hora del *Libro de las Puertas*, el dios sol avanza hacia las puertas del reino final, donde renace como el brillante sol de la mañana. Lo acompañan cuatro dioses que sostienen discos solares en sus manos derechas, cuatro dioses que sostienen estrellas en sus manos derechas, cuatro dioses con cabeza de halcón que sostienen cetros en sus manos izquierdas, cuatro dioses con cabeza de carnero que sostienen cetros en sus manos izquierdas, un dios con cabeza de cocodrilo que sostiene una serpiente en su mano derecha y un cetro en su mano izquierda, y ocho criaturas femeninas con forma de serpiente que sostienen estrellas en sus manos izquierdas. Otros detalles de esta escena son las coronas de Ra, un Apofis encadenado y cuatro babuinos que celebran el renacimiento del dios Sol.

Mientras Osiris permanece en el inframundo, el dios sol se eleva desde el horizonte oriental. El *Libro de las Puertas* ofrece una atractiva descripción de la Duat, y a lo largo de las doce horas, a las almas que viajan con el dios sol se les ordena constantemente que sigan el ritmo de la barca divina. Cada puerta se cerraba cuando la barca del dios sol la atravesaba, y cualquier alma que se quedara atrás quedaría varada por toda la eternidad.

<u>El *Libro de la Vaca Sagrada*</u>

Un tropo popular en la mitología es la profanación del mundo por parte de la humanidad, lo que lleva a su creador a disgustarse y castigarla. De la Biblia nos viene a la mente la historia del arca de Noé y su destrucción, pero en la mitología egipcia se conoce como el cuento de la Vaca Sagrada.

La primera versión de este libro se encontró en la tumba del famoso faraón Tutankamón, pero estaba incompleta. Posteriormente, las tumbas de los faraones Seti I, Ramsés II y Ramsés III ofrecieron versiones completas. Los historiadores datan este documento en el imperio medio o nuevo, y a diferencia de otros libros funerarios, que ofrecen orientación espiritual o describen los reinos de la Duat, el *Libro de la Vaca Sagrada* cuenta una historia fascinante.

La primera parte, «La destrucción de la humanidad», se abre con un Ra disgustado. Se lo describe como «viejo, siendo sus huesos de plata y su carne de oro». Aprovechando esta circunstancia, la humanidad ha comenzado a tramar una rebelión contra su creador. El omnisciente Ra convoca un consejo de dioses para deliberar sobre el siguiente curso de acción. A sugerencia de Nun, las aguas primordiales que antaño cubrían la

Tierra, Ra envía a Hathor, el Ojo de Ra, para castigar a los mortales por su insolencia.

A partir de aquí, la trama se entreteje en la historia de Hathor, donde se convierte en la sanguinaria Sekhmet y devora la tierra con fuego hasta que es detenida por un fuerte lote de vino de Ra. Esta parte se llama «La retirada de Ra». Es la segunda parte de la historia de la Vaca Sagrada, y está ligada al nudo de la historia, que se titula «La Vaca Sagrada».

Ra está decidido a regresar al cielo, lejos de las creaciones que le quedan. Busca la ayuda de Nut, la diosa del cielo, y le pide que lo coloque sobre su espalda. Nut se siente confundida por la petición del dios del Sol y busca claridad. Entonces se ofrece a sumergirse en las aguas mágicas de Nun y se transforma en una Vaca Sagrada. El dios del Sol monta en la vaca y asciende, justo a tiempo para que eclosionen los malvados planes de la humanidad. Por la mañana, la gente sale en tropel y dispara flechas al dios del Sol que escapa, quien se burla de ellos diciendo: «¡Oh masacradores, que su matanza esté lejos de mí!».

El dios sol insta a Nut a moverse más rápido. Sube más alto y el dios del Sol convoca a más dioses para que se unan a ella.

**Nut, la Vaca Sagrada, ayudada por otros dioses con Ra encima**
*https://commons.wikimedia.org/wiki/File:Nut1.JPG*

Después, Ra establece «El Nuevo Orden Mundial», que es también el nombre de la cuarta parte de la historia. Nut se convierte en el cielo y lleva el sol (Ra), y Ra crea el paraíso (el Campo de Cañas). A través de la magia de Nut y Ra, en la parte final, se establece Maat, y se convierte en responsabilidad de la humanidad mantenerlo.

La última parte del *Libro de la Vaca Sagrada* es muy significativa. En ella, el dios del Sol deja de mimar a su creación. En su lugar, se los encomienda mantener el orden del mundo a cambio de un lugar en el paraíso eterno.

# Conclusión

En la mitología egipcia casi siempre hay un atisbo de lo sobrenatural. Su impacto en la historia del antiguo Egipto es inmenso. El pueblo adoraba a muchos dioses y diosas del panteón egipcio. Realizaban rituales y ritos sagrados. Celebraban grandes festivales y llevaban a cabo elaborados procesos funerarios. Todo ello constituye una parte importante de la historia egipcia.

Hasta ahora, hemos recorrido una apasionante aventura por los reinos de los dioses y hemos visto cómo sus acciones afectaban a los humanos de la Tierra y a los del inframundo. Aunque hoy en día los mitos son historias, la gente de entonces los consideraba mucho más que eso. Las reliquias de las antiguas épocas de Egipto así lo afirman. Obeliscos, pirámides, momias, textos sagrados, esfinges y templos son prueba de las magníficas vidas de los antiguos egipcios y de su devota creencia en algo más grande que ellos mismos.

Aunque la mayoría de ellos llevaban una vida normal como plebeyos, compartían la misma creencia en el más allá y en el destino de todas las almas, fueran buenas o malas. Así, la gente buscaba vivir sus vidas de acuerdo con Maat a cambio de la dicha eterna.

Hemos descrito los esfuerzos de los antiguos egipcios y lo mucho que perseveraban en sus vidas de adoración. Aparte de su intencionalidad, un aspecto loable de los antiguos egipcios era cómo construían esas tumbas, templos y otros monumentos para que duraran eternamente. Aunque estaban centrados en el más allá, también pensaban mucho en el futuro y se aseguraban de dejar tras de sí pruebas indestructibles de su rica cultura.

Por eso, la mitología egipcia ha contribuido tanto al arte como a la historia y la cultura popular. En la época grecorromana, el antiguo Egipto se había convertido en un crisol de culturas, con dioses sincretizados y la construcción de nuevos templos. Miles de años más tarde, Egipto sería ocupado por Gran Bretaña, y se desenterrarían los monumentos y artefactos antiguos supervivientes.

Cada prueba cuenta historias de los pueblos antiguos tal y como fueron escritas por ellos. Ha leído sobre la mayoría de ellos: la vida de los dioses y diosas egipcios, las historias de la creación, sus mitos y cuentos populares, y detalles de los libros sagrados. Los museos, los yacimientos antiguos, la literatura y el cine han mantenido vivas estas historias durante cientos de años desde su descubrimiento. No es demasiado absurdo afirmar que serán recordadas para siempre.

# Vea más libros escritos por Enthralling History

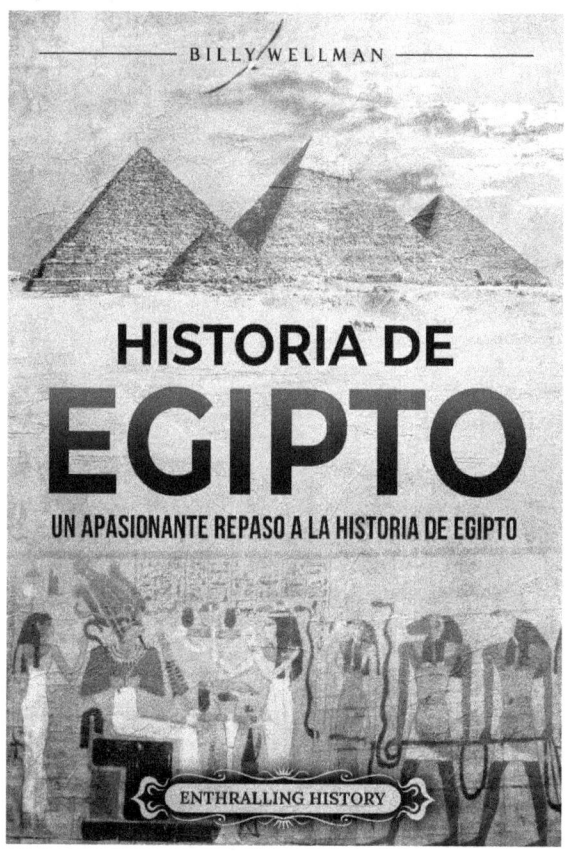

# Bibliografía

Pinch, G. Egyptian Mythology: A Guide to the Gods, Goddesses, and Traditions of Ancient Egypt. Oxford University Press, 2004.

Bunson, M. *The Encyclopedia of Ancient Egypt.* Gramercy Books, London, 1991.

Shaw, I. *The Oxford History of Ancient Egypt.* Oxford University Press, 2004.

Ikram, S. *Death and Burial in Ancient Egypt.* Longman, 2003.

Leeming, David Adams (2010). *Creation Myths of the World.* Santa Barbaro: ABC-CLIO. p. 102. ISBN 978-1-59884-174-9.

Wallis Budge, E.A. *Egyptian Religion.* Cosimo Classics, 2005.

Wilkinson, R. *The Complete Gods and Goddesses of Ancient Egypt.* Thames & Hudson, 2003.

Hart, George (2004). *Egyptian Myths.* Austin, Texas: University of Texas.

David, R. *Religion and Magic in Ancient Egypt.* Penguin Books, 2002.

M.V., Seton-Williams (1999). *Egyptian Legends and Stories.* U.S.A: Barnes & Noble Publishing.

Nardo, D. *Living in Ancient Egypt.* Thompson/Gale, 2004.

Allen, James P. (2000). *Middle Egyptian: An Introduction to the Language and Culture of Hieroglyphs.* Cambridge University Press.

Robins, G. *The Art of Ancient Egypt.* Harvard University Press, 2008.

Fleming, Fergus; Alan Lothian (1997). *The Way to Eternity: Egyptian Myth.* Amsterdam: Duncan Baird Publishers.

Goelet, O. et. al. *Egyptian Book of the Dead.* Chronicle Books, 2015.

Kemboly, Mpay. 2010. *The Question of Evil in Ancient Egypt.* London: Golden House Publications.

Van De Mieroop, M. *A History of Ancient Egypt.* Wiley-Blackwell, 2007.

Roberts, A. *Hathor Rising: The Power of the Goddess in Ancient Egypt.* Inner Traditions, 1997.

*The One and the Many* (translated by John Baines, Ithaca, NY: Cornell University Press, 1996).

Strudwick, H. *The Encyclopedia of Ancient Egypt.* Sterling Publishing, 2016.

*The Crisis of Polytheism* (London: Routledge, 2009).

Della-Piana, Patricia (2010). *Witch Daze, A Perennial Pagan Calendar.*

Quirke, S. (2001). *The Cult of Ra: Sun-worship in Ancient Egypt.* New York: Thames and Hudson, p.144.

"Book of the Dead of Nestanebetisheru".
*https://www.britishmuseum.org/collection/object/Y_EA10554-66*
"Book of the Dead of Djedkhonsiusankh".
*https://www.britishmuseum.org/collection/object/Y_EA10328*

Silverman, D. P. *Ancient Egypt.* Oxford University Press, 1997.

Bard, Kathryn (2008) *An Introduction to the Archaeology of Ancient Egypt.*

*Herodotus (1920). The Histories with an English translation by A. D. Godley.* Cambridge: Harvard University Press. At the Perseus Project of the Tufts University.

www.ingramcontent.com/pod-product-compliance
Lightning Source LLC
Chambersburg PA
CBHW070331010526
**44107CB00004B/488**